食之道

简单生活中的生命之光

[日] 桥本宙八 著

叶心慧 译

企业管理出版社

图书在版编目（CIP）数据

食之道：简单生活中的生命之光 /（日）桥本宙八著；叶心慧译. — 北京：企业管理出版社，2024.6
ISBN 978-7-5164-3065-1

Ⅰ. ①食… Ⅱ. ①桥… ②叶… Ⅲ. ①生活方式－通俗读物 Ⅳ. ① C913.3-49

中国国家版本馆 CIP 数据核字（2024）第 089602 号

Copyright © 2023 by HASHIMOTO CHUYA All rights reserved.

北京市版权局著作权合同登记号：01-2024-2443

书　　名：	食之道：简单生活中的生命之光
作　　者：	桥本宙八
译　　者：	叶心慧
责任编辑：	郑小希
出版发行：	企业管理出版社
地　　址：	北京市海淀区紫竹院南路17号　邮　编：100048
网　　址：	http://www.emph.cn
电子信箱：	qiguan1961@163.com
电　　话：	编辑部（010）68414643　发行部（010）68701816
印　　刷：	三河市东方印刷有限公司
经　　销：	新华书店
版　　次：	2024年6月 第1版
印　　次：	2024年6月 第1次印刷
开　　本：	880mm×1230mm　1/32
印　　张：	8印张　　字　数：65千字
定　　价：	56.00元

版权所有　翻印必究　·　印装有误　负责调换

导读

◎ 梁正中（正好文化发行人）

好好吃饭睡觉

十五年来，我对人生究竟活法的探索，大体围绕两个主题：为什么活着？究竟的活法是什么？一面与爆炸性发展的物质、信息世界共舞，寻索较安全、可持续的生活方式与环境；另一面则由表及里、渐次回归自心自性。无论如何，食物都是一个重要的参照关键。

历经少儿赤贫生活的我，味觉中仍留存着食物本来原味；相对之下，物质丰富后，迎来的却是"食之无味"，甚至"食之有毒"。

人的六根日益外逐奔忙，说不清楚是主动还是被动、衣、食、住、行全然卷进消费主义漩涡，沉沦"拥有"的幻相误区，越陷越深。生存最基本的食物链也掉入没完没了的恶性循环。

我只好走上"自我革命"的道路。由一日三餐素食、有机食、自然食，不断循"为道日损"原则，延展到日常良知环保绿色生活。

2018年夏末，随山本健治先生参访西田天香先生创办的一灯园。早在1905年，天香先生忧心日本国民受西方物质主义影响、开始放弃和自然和谐共处的生活方式，便立志树立典范生活社区，但并未成功，他于是效法佛陀在菩提树下"不成正觉，绝不起坐"，开始绝食问天：路在何方？数日后，如婴儿出生初啼的天籁之声，打开了当下一念清净之门，留下"无一物中无尽藏，有花有月有楼台"的心印，而后"一人发光"，成功开创了传承至今的自然活法典范"一灯园"。

天香先生"绝食问天"的情景给了我巨大的冲击。正好隔日我又拜访了日本著名天然食品公司"椿き家"

的社长折笠广司。折笠社长少年时因农药中毒差点身亡，因而立志研发日本最好的纯天然豆腐。其工厂设施是联合国环保永续发展的典范。与折笠社长从自然饮食聊到断食奥秘时，他忽然从公文包拿出一份招生简章，说真是太巧了，他老师桥本宙八先生创办的"半断食"课程，正好即将在广岛举行。

折笠社长谈到，他和半断食的缘分来自日本美化协会，这个协会践行键山秀三郎先生提倡的"扫除道"。他听闻曾任会长的田中义人透过半断食治愈痼疾、恢复健康，因此机缘而去认识桥本先生，也参加了半断食课程，开始自己身心"内在的扫除道"。入会以来，他坚持日日亲身扫除，把豆腐工厂扫除到一尘不染，然而，后来深自感慨：仅靠"冰清玉洁的天然豆腐"无法彻底救助众生。

这对当时仍热衷于推广素食、有机、自然农法的我，犹如当头棒喝。

不久之后，我见到桥本夫妇，彼此相见恨晚。2020年元月，特邀素来钦慕中华传统文化的桥本先生赴中国扬州举办五天活动，参与者有五十多人，来自海峡两岸。桥本夫妇为华文读者写书的因缘，正是在那时促成。

桥本夫妇五十年如一日实践道法自然的生活方式，特别令人感动的是，五个孩子都是在家自然分娩，且在自然中成长，并继续传承此家教给下一代。

而后全球疫情蔓延，人人恐惧不安。期间我曾前往京都乡间桥本先生家小住几日，彼此聊到日本禅宗四十六流开山祖师，无一例外都和中国有关，其中三十个在大宋或大元明心见性，而另外十六个是远道而来的中国高僧大德，个个都是在日常中活出"天命之谓性，率性之谓道"的行家里手。对照眼下世道，我们无限感怀，不禁想起一段公案：

（有源律师）问：和尚修道，还用功吗？

（慧海禅师）回答说：用功。

问：如何用功？

答：饿了吃饭，困了睡觉。

问：人人都是这样，跟大师您用功不一样吗？

答：不同。

问，怎么不同？

答：他人吃饭时不吃饭，挑三拣四；睡觉时不睡觉，千般计较。自是不同。

律师闻言无语。

桥本先生的半断食课程至今帮助过一万多人，从头学习如何好好吃饭睡觉。他虽早届古稀之龄，但救度众生之心依然炽热，憧憬根源于中华文化的究竟活法能绵延传承，在世界大放光明。

祈祝本书能广结善缘，为桥本先生的大愿略尽一臂之力。

自序

我只想做潇洒自在的人

我从小就很自卑。

体格矮小、资质平庸，笨手笨脚、慢半拍，好像怎样都不开窍。

我一直很在意别人的眼光，对任何人都小心翼翼。

我曾很讨厌那样的自己。"这样的自己根本不是自己""真正的自己到底在哪里？"我一直在探寻。

到了少年时代，想解决这些问题的念头更强烈了。

我开始思索，究竟有什么方法能让我变成潇洒自在的人呢？这成了我最大的奋斗目标，也成了此后人生旅途上大胆横冲直撞的根本动力。

青年时代投身戏剧天地,去寺院力行断食,研究自然农法,以及探究"食"的世界,会有这些机缘,可说都是基因于此。

在"食"的道路上,不断摸索前行,渐渐发现"食"之奥妙。人以"食"维生,从"食"取得生命、养育生命,食物大大左右身心状况。当我深刻明白了如此明显简单,一般人却多不在意,甚至不知不觉的事,人生于是起了极大转变。

对"食"与人生关系的探究,成为我的毕生志业及生存意义。

我投入近半世纪的经验,整编出有助"真我觉醒"的一套极简课程——"半断食"。

这方法简言之只不过是:少少进食,细细咀嚼自然栽培的优质谷类与蔬菜。

只要切实执行,几乎人人皆可在极短时间内改善体质、回复原本的健康状态,还可进而活出真正的自我。

换句话说,是藉着饮食去除"遮蔽本能的雾霾"。

"半断食"里面有一把可让人通往健康幸福自由的钥匙，也蕴藏着对世界和平的祝福。

如今，我已在日本和海外举办过无数次"半断食"课程。

日本"正食"（Macrobiotic diet）导师樱泽如一曾说："人生意义即在了悟'食'的秘密，做自己喜欢之事，受人仰慕、给人欢喜。"年过古稀，我终于明白这句话，也奉此为享受人生的关键。

此书谈的是我为"半断食"课程赌上一生的故事，以及，过程间若有所悟的小小心得，倘若有缘人能在其中得到些微启示，而让人生更快乐，那真是甚喜！甚幸！

目　录

第 1 章　让生命之花圆满绽放

邂逅"正食"创始人樱泽如一及自然农法大师福冈正信　/　004

身体"重新设定"的能力即免疫力、自然治愈力　/　006

人身天生的"恒定性"与"自体吞噬"机制　/　008

"半断食"的三个原则　/　011

疾病给人带来的其实是重生机会　/　015

第 2 章　寄人篱下努力讨生活

到北海道投靠外祖母作为继室嫁入的家　/　023

事事迁就忍让才能勉强撑持生活　/　025

我神往如漫画忍者摇身变成另一个人 / 027
父亲常说："五湖四海都有老天爷和
一口饭" / 031

第 3 章　十五岁的孤注一掷

母亲带我们到东京投靠舅舅 / 041
带着母亲和妹妹住进公司宿舍 / 044
下班后去高中夜间部念了四年 / 046
被可变身为不同角色的戏剧魅力所吸引 / 048
为迎接大学生活倾全力打工 / 050
恩师北泽方邦引领我直面身体现实 / 054

第 4 章　新胜寺断食初体验

眼前万物闪闪发亮如雨后清晨 / 062
深深着迷于自然农法与正食世界 / 065
终于找到自己要走的路 / 068

第 5 章　为妻儿亲手盖一个家

理想家景是孩子们在大自然里玩耍 / 075
相信人天生能像动物般自行分娩 / 077

为自己盖房子开始木匠学徒生涯 / 080

妻子在两岁女儿陪伴下独自在家生下

儿子 / 082

第一次帮朋友进行半断食自然疗法 / 084

在新居迎接新年和全新的生活 / 086

第6章 我们家的"正食"小事业

我们家几乎成了热络的养生沙龙 / 109

癌症患者深夜排出的宿便 / 112

用豆腐蔬菜疗愈车祸重伤 / 115

白血病男孩的出血排毒 / 118

第7章 一切学习尽在日常生活中

胎儿知道母亲身心发生的一切 / 126

与北海道阿伊努族产婆一期一会 / 129

人类能藉食物自由创造命运 / 131

不吃药不看医生的育儿法 / 133

以母乳哺育且不用尿布 / 136

山村里的小学分校 / 139

与嬉皮风移民结为山居伙伴 / 141

第 8 章　从"食之道"接连社会关怀

　　访查白俄罗斯核灾村庄　/　146

　　参加切尔诺贝利儿童寄养家庭运动　/　148

　　创办"儿童生命与生活节"　/　152

　　放手让孩子独立离家　/　155

第 9 章　领我看见世界的老师

　　全球"共同体"研究学者草刈善造　/　162

　　老子达人增田正雄与秋野癸巨矢　/　164

　　中国宫廷料理大师胡德荣　/　166

　　国际绅士淑女北谷胜秀与昭子　/　167

　　"平成的遣唐使"孙若槐　/　170

　　久司道夫以正食促进世界和平　/　172

第 10 章　生命大扫除——三十日断食

　　食疗技术启蒙老师大森英樱　/　178

　　透过断食看清食物贪欲的真相　/　179

　　管理饮食直接等于调节生命力　/　183

　　设计半断食课程的热情泉涌　/　185

第 11 章　顺"食之道"迎向国际交流

与"扫除道""修养团"结缘　/　192

在澳洲蓝山开办第一次海外课程　/　195

不可思议的僧侣因缘　/　197

爱尔兰课后欢乐盛会　/　200

西班牙湖光山色涤尽俗虑　/　202

为通向华语世界之路铺一块砖　/　204

第 12 章　效法佛塔树的种子

仓促决定避难地点　/　211

冒险回家遭受辐射伤害　/　213

人生道路硬生生被核灾斩断　/　216

因森夫妇而决心定居京都　/　218

整修一百二十年古民宅　/　219

全家都重新出发上路　/　221

后记　在母亲远行的回光中温习
　　　全然信任地活着　/　225

附录　我们去日本体验半断食　/　231

第 1 章

让生命之花圆满绽放

"食前の言葉"

今ここに
自然の営みと
人々の努力によって
育まれた食物を
いただける幸運に
心から感謝致します。
願わくばこのいのちが
世の中と人々の
役に立ちますように
いただきます。

橋本宙八

樱泽如一用七个面相定义一个「健康的人」,他的洞见不但引发日本饮食革命,也风靡西方世界。因为他,我全心投入探究「食」的世界,想以此帮助自己和他人自由自在地活出「健康的人」。

佛教认为人生一切皆业力示现，换言之，任何事情皆始于"因"，加上行为，才形成为"果"。业力束缚是人生痛苦的根源。

我曾以自父母继承的业力中解脱为目标，年岁增长后才看见，父母也从他们的时代继承了业力。那是一种总优先考虑他人和周遭环境，近乎习惯仰人鼻息、随便抹煞自己的卑怯局促之苦。

继承这种业力的我，总是战战兢兢、自卑自抑，老觉得身不由己，走到哪里都没归属感。当然，这也跟我们家境清寒，长年四处漂泊、寄人篱下的生活背景有关。

国中毕业后，我到一家管吃管住又附带技职训练班的工厂工作，因为成绩优异而备受肯定，原以为可就此安身立命，但后来却深恐一辈子都埋在机械化的工作里，那种踌躇彷徨、自我怀疑的心绪，再度将我笼罩。

之后，我抱着"想要成为更自由的生命"这样的心愿，丢下铁饭碗，跑去考大学戏剧系，希望藉表演艺术建立自信。起初很兴奋终于能"活出自己"，然而，慢慢却发现，我越努力掌握知识技术，越无法在舞台上自在发挥，戏剧终究不是"我的菜"。

我整个青春时代可以说就是，一段为摆脱自卑痛苦而横冲直撞、心慌意乱的幽暗史。

邂逅"正食"创始人樱泽如一及自然农法大师福冈正信

直到有一次经朋友介绍，去寺庙参加七日断食营，有了前所未有的奇妙体验，让我隐约浅尝到生命自由的滋味。

在断食营，邂逅了正在学习自然农法的同世代年轻人，因为他的关系，又接触到日本自然农法大师福冈正信，及"正食"（Macrobiotic diet）创始人樱泽如一（George Ohsawa，1893年10月18日－1966年4月23日）。

与这两位老师的相遇可说是我的人生转折点，尤其是樱泽如一更启发了我终生的志业。

樱泽如一在第二次世界大战后，检讨日渐西化的饮食习惯，认为日本人应重回以糙米、豆类、蔬菜及海藻为中心的饮食方式，控制动物性蛋白质的摄取量，并充分利用本土在地当季食材。他提出的"正食"，也称"延寿饮食法"，是一种融合阴阳哲学、回归自然的健康生活方式。

樱泽如一用七个面相定义一个"健康的人"：

精力充沛、食欲良好、睡眠正常、记忆力佳、幽默风趣、知行合一、感恩之心。

他的洞见不但引发日本饮食革命，也风靡西方世界，四十年间出版著作上百部，译成多国语言。

他十分重视女性的家庭角色，曾说："食物是生命之源，厨房即药店，主妇即药店长。"强调烹饪是女性重要修炼，因为创造生命是女性天赋的最大特权，"食养"是妇女主导的"世界革命"。

因为他，我和太太成家后，坚定遵循正食理念，在大自然中养儿育女；也因为他，我终于确认这一生真正想做的事，也找到了学习的典范。

我想探究"食"的世界，以此帮助自己和他人自由自在地活成"健康的人"。

身体"重新设定"的能力即免疫力、自然治愈力

民以食为天。食物之于人，好比启动汽车不可或缺的汽油。然而，"食"不仅仅如此而已。"食"更是人类最大的欲望、最深的执着，"食"的世界里还隐藏着关乎生命本质的奥秘。

草食动物的生命寄托于植物，肉食动物其实也是，只不过还透过动物、间接依存植物而生。世界如果没有植物，不管草食动物或肉食动物都无法生存。

作为"食"之母的植物，是以阳光、土地的营养，及水、空气、风的波动等种种自然元素，凝聚浓缩而成；换言之，植物的本质是"自然"，而"进食"这个行为是，藉由植物在自己的生命中重现自然的世界。

所有生命都必须依循食物链法则这个生命之流，若人不依循此流、无法与自然融为一体，便是"生病"。治疗疾病的根本即在机能"重新设定"，以期与自然融为一体。这个重设的能力，即所谓的免疫力、自然治愈力。

好比计算机塞入太多软件，导致运转迟滞，必须重新设定以恢复原本机能一样，任意吃下种种食物，也会使得"进食消化"这"中央处理器"不堪负荷，终至生命"宕机"。

人类历史也可说是与饥饿抗争的历史，自古如何免于饥饿一直是人类的生存课题，人类体内因而有忍耐饥饿、保护身体的基因。然而，近年许多国家变得富裕，人类似乎"难得饥饿"，人人都大量在吃从没吃过的食物，一味追求美食，又风行无限畅饮、吃到饱。这些食物多是靠大量化学肥料、农药来生产的，又可能经过基因改造，滥用人工添加剂、抗生素、生长激素等等。

这样的饮食习惯造成的"生存危机"，完全不亚于饥饿，甚至衍生更多棘手的疾病，如肥胖、异位性皮肤炎、高血压、心脏病、糖尿病、癌症、艾滋病等等。医疗机构只好使用更多更强的抗生素。有人预言，在不远的未来，多重耐药性细菌病毒的反扑，将直接威胁人类存续。

病逝的高龄者增加，因不孕症、精子减少等问题而无法生育的年轻人也在增加。这显示人类社会正在衰退中。

据说再过几年，天灾频发的地球生态将到达一个万劫不复的"奇点"，人体也正趋向"健康的奇点"吗？

人身天生的"恒定性"与"自体吞噬"机制

人类身体与生俱来一种"恒定性"

（homeostasis），即能自动排除毒素，并从摄取的食物中补给营养、维持平衡的机能。病人普遍食欲降低，可说就是身体正在发挥这个机能。自古人类便懂得进而利用"断食"治病——藉完全断绝食物来促进排毒，恢复身体平衡。日本大隅良典教授发现人类"自体吞噬"（autophagy）机制，因这项成就荣获诺贝尔奖。"自体吞噬"机制，某种程度上正说明了身体自动排毒的原理。

可惜的是，"断食"这种过去极为平常的"本能疗愈法"，如今已变得十分"不平常"，也相当困难。一来，即使只是暂时歇止口腹之欲，现代人尤其是娇生惯养的年轻人就难以接受；二来，当排毒力变强，又无法从食物补给营养时，身体会出现"免疫力暴走"，连连引发隐藏于身体深处的病症，如发热、咳嗽、疹、痛、痒、倦怠……，对这种东洋传统医学称之为"好转反应"的现象，原本体力就不好的人，恐怕难以承受这种痛苦，也会因为没有信心而恐慌，最后身心都承受高压而陷入危险状态。

现代西医一般来说对排毒的"好转反应"不大用心，总一味以疾病对治，更投药压制症状，如此虽可能快速消除症状，实则将病根进一步往身体深层压抑，延误改善时机。

因此，多年前我就认真思索，是否有可能让人在短时间内体认到"食"的真谛，并且安全地藉断食来恢复人体机制的"原厂设定"？

正好在那时候，听到"半断食"一词，那是樱泽如一生前提出的。樱泽老师曾在法国健康学园开办"奇迹断食营"，在短短十天内治愈许多疑难杂症，一时轰动全球。然而，完全断食是极端做法，难免有危及性命的隐忧，相对下，"半断食"安全许多。遗憾的是，樱泽老师并没留下半断食操作细节，所以，我期许自己来接续构思规划。

经过大约四十年，来自十几个国家的将近一万人体验过我的半断食课程；更精确来说，应该是四十年来、十几个国家近万人以亲身实验心得，和我一起不断琢磨、精粹出了半断食课程。

"半断食"的三个原则

"半断食"简而言之即是,以少食少饮之"类断食"来复原身心的方法,也是单纯"将正确的食物以正确方式烹调、正确方式食用"的"饮食健康法"。

"半断食"与断食在方法上有些差异,但效果相同,可以肯定的是,"半断食"比断食安全许多,无论是谁、无论何时何处都能进行,可谓更生活化的新断食法。

为何说是"半"断食呢?

因为它既不像断食那样完全断绝食物,也不是吃饱喝足,而是断食与进食一半一半并行。其卓越之处在于,能准确按下自体吞噬的启动键。

透过摄取极少量饮食,发挥比断食更显著的自体吞噬效果,积极促使排毒,也充分补给改善体质所需的营养。

在断食变得难以落实的现代,"半断食"提供大家一个彻底重新认识食物、重新学习饮食的办法,也是一个如实体证以饮食净化身心、重现健康生命力的机会。

我所设计的"半断食"课程三大原则是：

一、少食、少饮。

二、好好咀嚼。

三、好好运动。

以上为基本原则，各人各自斟酌细节、调整程度，达成各自的目标。

第一个原则"少食、少饮"的分量到底多少？每个人的解读大有差异，但尽可能参照"正食"朴素餐饮的内容和分量进行。水分摄取量也跟食物一样，依各人体质与状态，在不危害身体的前提下少量饮用。

人的体重百分之六十以上为体液，很多人觉得限制饮水比限制进食更难熬，原因出自时下人人大都摄取了过量卡路里。如何因人而异给予饮水指导，是最考验半断食课程老师的题目之一。

第二个原则"好好咀嚼"，这是一般人都相当轻忽的，也浑然不知这其实是促进排毒最简单有效的行动。

不细细咀嚼就直接吞食的习惯，源自于现代食物大都讲究柔软，以至不大需要费力咀嚼。这造成人们牙齿牙龈的功能没充分发挥，容易快速吞食过多、营养过剩而肥胖，及消化不良、骨骼脆弱等等问题。

日本有个"咀嚼学会"，由医师、护士等医疗从业人员组成，他们针对咀嚼对改善身心状况的重要性进行实验，发表了许多惊人的研究成果。

半断食课程一般为期一周，基本上一天一餐，以一小碗糙米饭、一个梅干、两片腌萝卜的极简餐饮开始。不过，并非连续七天都持续这样的餐饮内容，而是观察每位学员个别的身体状态和变化，每天一点一点循序渐进、灵活调整。

课程中要求好好咀嚼的方法是，每口的食物量约拇指一节大小，也就是日本自古所说的"一筷"的分量。太大口会让咀嚼变得粗乱；太小口则难以咀嚼。将这样的每一口彻底咀嚼两百下再吞咽。这样吃完一餐饭，多数人需要花上一个小时。

莫小看这样的彻底咀嚼，仅仅如此就可能让人豁然领悟"食"之奥妙深邃。非亲身体验者难以想象。

第三个原则"好好运动"也十分重要。体质改善的速度与效果，会因运动而有极大差异。

健行被称为有氧运动，以吸取大量新鲜空气，促进体内新陈代谢、血液循环，致使更深层毒素更快排除。半断食课程中，除了步行困难的学员，原则上所有参加者每天得空腹在山路上步行约十公里，犹如僧侣的修行。

一开始觉得长距离步行很困难的人，课程进行到后半段时，多能在山路上轻快奔跑；而拄拐杖来课程报到的长辈，回程已不再需要拐杖。课程后半段，多数学员都清楚感受到，以饮食恢复身心活力的神奇效果。

这样的健行是半断食课程不可或缺的一部分。

记得有一年在福岛深山举办课程，有多组亲子学员，当我看到背着小孩默默走在山路上的母亲们，不禁由衷赞叹"女子虽弱，为母则强"，内心深受感动。

七天半断食课程的其他内容还包括：分组与个别

咨询、"食"的讲座、治疗法与料理的实习、体操、瑜伽、以足按摩、呼吸法、冥想等，都是课程结束后，可以带回去在日常生活中继续实践的健康法。

疾病给人带来的其实是重生机会

若问什么是人人都想得到的，那无疑是幸福、自由、健康，而健康可说是幸福自由的基础。

若问什么是人人最想远离的，那想必是"死"，以及容易直接联结到死的"病"。

被誉为医学之父的希腊希波克拉底，在两千多年前已对何谓疾病做了简单扼要的定义：

"所谓疾病，是为了提醒人类什么才是更好的环境而有的。"

第一次听到这句话时的感动，我至今记忆犹新。没有哪句话比这句更洞察疾病、更直指疾病本质。

希波克拉底所说的"环境"，涵盖两种意义。一是社会、自然环境等生活外在环境；另一是快乐痛苦、健康疾病等生命内在的环境。这两个环境，无论哪一方有缺失，人都不能感到安全、安心。唯有两个环境都好，人的生命才有保障。

希波克拉底也在提醒我们，必须思索怎样才能从根本治疗疾病？

那就是，改变心态、价值观，调整生活方式，检查并矫正内外环境。疾病其实是给人带来重生的机会，值得感恩，也值得用心对待。

有缘来参加半断食的人，多半发现自己不是"真正的自己"，感受到身心不舒适、想要做出改变。对那些还没觉察到身心不舒适的人而言，半断食则无用武之地。至今我接触过无数抱着身心问题、人生困难前来参加课程的人。每次看到课程后这些人脱胎换骨、宛若重生，那都一再提醒我，包括疾病在内的人生种种难题，其实都是来助人成长的。我很喜欢日文的"谢谢！（写作"有り難う"）"一词，这词含有"困难、难能可贵"的意思。如果能转念将困难视为值得感恩的礼物，那么世上一切试炼、难关都难能可贵。

半断食课程最欢喜的时刻是，最后一天的最后一课——学员分享各自体验与心得的时间。学员普遍都反省到，平时忘了对亲友道谢，也忘了对自己活着这件事心怀感恩。许多学员落下欢喜的热泪，也曾有高龄男性因了悟真我而放声大哭，这真情流露的波动，使得全场纷纷啜泣，拭泪的面纸盒在围坐的圈中传来传去。

半断食让生锈粗钝的五感重新苏活，恢复原本赤子般的敏感细腻。我也总被这样的感动所感动，禁不住泪水潸潸，悠悠回想起年轻时初次完成断食后、看到世界闪闪发亮时的心情。

每个人都是一朵来自父母种子的、独一无二的"生命之花"，遇见真正的自己时，正是以最适合自己的方式圆满绽放时，也是确实幸福、自由之时。

当人间这样处处"开花"时，才有真正的世界和平。

第 2 章
寄人篱下努力讨生活

"食前の言葉"

今ここに自然の営みと
人々の努れによって
育まれた食物を
いただける幸運に
心から感謝致します。
願わくばこのいのちが
世の中と人々の
役に立ちますように
いただきます。

橋本宙八

寂静的海滩上，防风林绵绵无尽地蔓延。

海风撞击防风林，飒飒作响，仿佛悲伤的呜咽。

那是我童年的摇篮曲。

无论是小时候跟着父母，或长大独居，我总是不停搬家，曾被我称之为「家」的地方，起码超过二十个。

我究竟在寻找、追逐什么？

第二次世界大战结束两年后的1947年,我出生于日本新潟县仅数十户人家的小渔村。

寂静的海滩上,防风林绵绵无尽地蔓延。

我们家是间破旧的小茅屋,旁边有条通往沙滩的狭窄石板路。海风撞击防风林,飒飒作响,仿佛悲伤的呜咽。那是我童年的摇篮曲。

后来,我成家居住在福岛县深山里,坏天气时,森林剧烈摇晃,那听起来恰似回到故乡的海岸。每当台风过境时,森林更发出令人战栗的巨响,但我却莫名觉得熟悉安稳。

父亲退伍返家后,每天都为了养育妻小而在外奔波;母亲在住家附近的小片土地上辛勤耕种。当时战后的日本,家家户户都在贫困中奋力求生。

回忆儿时,脑海中常会浮现如此景象:沙滩白白亮亮的,海蓝蓝的,满天都是海风的味道和松林的声音。我被拴在家门边回廊的柱子上,身旁有个稻草编织的大笼子。

那应该是我的摇篮吧?也许是母亲暂时离开,为免我乱跑跌跤,才把我这样绑着。这是我内心的"原始风景",象征着自幼那种感觉受困、不自由的无奈心情?

也可能这并非我的记忆,而是生来所接收的、父母埋藏的记忆,只是从我这里浮现出来而已?

故乡平常日夜都被周而复始的潮汐之音笼罩,佐渡岛在海的另一边,若隐若现,我一直幻想着哪天去看看。

夏季,我们在海滩尽情嬉戏;秋冬时节,桀骜张狂的日本海,谁也不想

作者出生于二战结束后的日本海边小渔村

靠近；春天，用手挖掘"滨防风"（一种稀有野菜）来吃，那苦涩的滋味，至今难忘。

到北海道投靠外祖母作为继室嫁入的家

大约五六岁，我们搬去同村的祖父家住。祖父家中除了祖父，还有祖父的继室——我们的继祖母，以及继祖母所生的儿子，还有与我们年龄相近的孙子们。

父亲是祖父的长子，我们住祖父家合情合理，然而，现实并非如此。或许父亲因某些缘由，离家让出长子之位？但为何再搬回去？年幼的我毫不知情。

祖父非常慈爱，当时他养了几头猪，每天都在围炉上架个大锅，把剩菜剩饭放进去煮成猪饲料，我和妹妹总在一旁看着，祖父偶尔从锅里夹些马铃薯或地瓜给我们，当时觉得真好吃。

相对于祖父，继祖母对我们相当苛刻。吃饭多配了点梅干，就会被叱喝浪费，总为日常小事斤斤计较、叨叨不休。但她却偏疼自己儿子所生的小孩，这是我人生首次感受"差别待遇",继祖母也是我人生第一个讨厌的人吧?

七岁进小学,我只读了一年,就因父亲工作关系,搬到千里之外的北海道函馆。这次是搬到外祖母作为继室嫁入的家。跟在故乡祖父家一样,也是寄人篱下。当时,大姊已国中毕业,去了东京,在舅舅的工厂工作,父母亲、二姊、妹妹和我五人,被安置在主屋一角,一个临时搭建的仓库。

那是一栋以木墙作围篱的豪宅,主人是客运公司高层。记得有一天,客运公司员工汹涌集结,墙外传来要求加薪的示威声浪,听来既恐怖又诡异。

那个家也有跟我们年纪相仿的三个小孩,比起有血缘的我们,外祖母似乎更加宠爱那个家的小孩,差别很明显。外祖母的态度,让我感觉我们跟有钱人家的小孩是不同人种,连母亲有时也不禁抱怨。

在函馆的生活,跟以前一样,总是拘谨不自在。日间父母外出工作,家里只有我和妹妹。放学后,我和妹妹总是跟邻居小孩在附近玩耍,玩到下午,大家都饿了，每到这时，有个带了饭团的玩伴就会在大家面前津津有味地吃起来。那抹上味噌的白米饭团看起来美味无比，让我暗羡不已，我和妹妹只能拔些野草、果实，胡乱果腹。在面包工厂工作的母亲偶尔带一些卖剩的、变形的面包回来，那已堪称完美点心。东京的舅舅曾寄赠一大罐金太郎饴，里面有我们最爱的高级牛轧糖，虽然不常见面，但每次见面他总是大声呼唤我和妹妹的名字，这样的舅舅是我最喜欢的长辈之一。

在外祖母家住了约一年，父母在距离外祖母家不远的市区租了一个房间，我们再次搬家。新家在面对火车铁轨的二楼，房东住一楼。房里连厨房都没有，只在角落安一个小小流理台。当时二姊国中毕业了，在包住宿的市内钟表店工作，我们一家四口就挤在这狭小的房间里生活。

事事迁就忍让才能勉强撑持生活

无论搬到哪里，我们一家大小都挤一个房间，生活作息全都一起行动。我则喜欢独自窝在把棉被取出后的空壁橱里睡。

无论是小时候跟着父母，或长大独居，我总是不停在搬家，曾经被我称之为"家"的地方，起码超过二十个。频频搬家，究竟在寻找、追逐什么？

小学六年，我先后住过三个地方，转了三所学校。内向害羞的我，总需要很长时间才能重新适应。

整个童年，我不曾被父母无理责骂，也几乎没有与姊妹争吵的记忆。我们是和谐的家庭，父母亲都是不爱与人起冲突的人。另一个原因是，我们家一直很穷，要能够事事迁就忍让，才能勉强撑持生活。

我从小也很怕冲突，无论多琐细的事都避免与人争执，只要稍微飘出不愉快的气氛，我就想赶紧逃离。也许因为这样的性格，升上小学五年级，我竟成了一个爱搞笑的小孩，在毕业生欢送会上，我跟同学模仿了当时流行的漫才组合（日本的一种喜剧表演形式，类似双人相声），逗大家开心，觉得很有成就感，长大后，我甚至认真考虑要当喜剧演员。

比常人心思缜密的父亲，随时随地都先考虑别人。每当我和妹妹走路发出些微声响，就会被父亲责备："这样会干扰到楼下房东，安静地走！"

据父亲说，祖父比他更会顾虑他人，听说连自家屋檐的雨水滴落邻居庭院也会不好意思。

住在东京舅舅家的大姊，逢年过节会回家看我们。从国中时代一直住在东京的她，说话已有东京腔，虽然有点矫情的用字遣词听起来微微生疏，但我同时也因有个"都市人姊姊"而莫名自豪。

记忆中我几乎没跟大姊一起玩过。身为贫家长女，我想大姊肯定吃了不少苦。大姊对家中唯一男孩的我，总是关怀备至，不时嘘寒问暖。

我神往如漫画忍者摇身变成另一个人

在这样拮据的家境成长，不知不觉中，我也跟父母一样，成为一个极度顾虑别人的人。

这样的我，在校事事不顺、充满自卑感。我出生于三月,同班同学大多比我年长一岁,按身高排队时,我总是排在前面第二或第三,真希望自己快快长高。

当时日本方方面面高度成长,全力迈向富裕。许多同学在上小学之前先念过幼儿园,读小学还兼上补习班,而我从小连什么绘本故事书都没摸过。我们家根本没那样的余裕。我的学科成绩在班上是倒数几名,体育成绩也几乎垫底。

所幸我遇上身材娇小、和蔼可亲的音乐老师,因为她的鼓励,我非常喜欢大声歌唱,往后也成为热爱音乐的人。

升上国中,我还是没有长高。一年级时加入柔道社,第一天就被学长彻底打趴,马上放弃了。之后加入棒球社,因为矮小,一次都没入选正规球员,整整三年都在场外捡球。

我开始拿窝囊的自己跟人比较,越比越自卑,越消极怯懦。我常神往漫画里只要把手指交叉、念念咒即能变身的忍者,多希望可以摇身变成另一个人。

如今回首,少年时代的自卑感,往后竟成为我人生的主要原动力。那些常人以常识来思考会认为不可行的事，我却能不当回事、义无反顾去完成。

也许，这正是自卑感的反作用力吧？

常听姊姊们说，母亲成天为钱所苦。确实，我们家无论搬到哪都是租房，父母每天外出工作赚钱，我和妹妹总是在挨饿。即便那时家家都不宽裕，我们家还是相对更贫困。我们家附近有家拉面店，店主的小孩是跟我年龄相近的一对兄妹，他们每天有十元（日元）零用钱，当时我觉得他们真是天之骄子。

小学五年级，我就开始打工派送报纸。这倒不是为了帮补家计，而是父亲希望早日把我训练成男子汉。打工之后，觉得自己好像变成大人了，内心欢欣鼓舞。

报童得在清晨六点开始工作，准时给数十户人家送报。北国天亮得晚，早晨又黑又冷，不管下雨或下雪都得送报，这对一个十岁左右的小孩来说，绝非轻松差事。然而，我欢欢喜喜地坚持下来了。童年的送报经历，让我此后无论遇到多艰苦的工作都坦然无惧。

这份工作的另一个好处是，可以用自己赚的钱买想要的东西。记得当年用第一份薪资买了笔记本、铅笔和橡皮擦，之后还买了书桌、棒球服装用具。

只要工作就能买到想要的东西，打工经历给了我这样一份单纯的自信。

我们家有个每日必行的家规，那就是打扫。每天早上起来，折叠棉被、整理房间，一日由打扫开始。由于二楼没厨房，我得到楼下房东家提水到二楼，在陡峭的楼梯运水，是我的每日任务。这对瘦小的我来说相当吃力，但我对自己能达成任务深感喜悦。

我们家用餐时习惯端正跪坐，稍微松开脚，父亲必拍打我们的膝盖。多亏如此严厉的家教，长大后，我完全不觉得跪坐进食痛苦，无论什么场合，松开脚随意散坐反倒不自在。

总之，随时保持整洁、不可给人添麻烦、随时顾虑周遭的人，这些对我来说不是规矩，而是从小的生活习惯。与严厉的家教相同,借住两位祖母家时总被苛刻对待,让我提早明白社会现实,想想也都是好事。

至于频频搬家、转校,因而接触更多风土人情,其实也挺不错的。

如此一想,童年点点滴滴都是助我成长的资源。日本俗谚说"三岁定百岁""年少吃苦金不换",我由衷感谢这样把我养育长大的双亲,成长路上试炼很多,我因此变得坚强不怕苦,真是太好了。

父亲常说:"五湖四海都有老天爷和一口饭"

关于父亲的记忆都零零碎碎。他总是日夜奔波,在外赚钱养家。

搬到北海道后,父亲当起裱具师,为拉门糊纸。他认真严谨,凡事一丝不苟,这样的性格不只表现在工作方面,日常生活也处处可见。

例如父亲十分注重清洁。他常登门拜访客户,他总跟我们说,客户是什么样的人家,只要看玄关、厕所、厨房，就一目了然。在我们家，只要厕所稍微肮脏，父亲就会拆下便器，用脚踏车载到海边，以自制的卷绳刷子沾些许沙粒，大力刷洗，直到洁净透亮。

北国冬季早晨十分寒冷，即使漫天飞雪，父亲也一样把窗敞开，抓一小撮雪撒在榻榻米上"吸尘"，然后用扫帚仔细清扫每个角落，再用抹布彻底擦拭。没雪的季节，则用湿报纸或茶叶渣取代。我们只有一个房间，全家人得同时起床才能打扫，不管多困多冷，都得配合。

我们租的低廉房间当然也没浴室，父亲几乎每天都带着我到附近的澡堂洗澡。到了澡堂，父亲最先做的事，竟是舀浴缸水面上的浮垢。在公共澡堂根本没人会做这种事，但父亲连清洁公共浴缸也不马虎。

每次去澡堂，父亲总用毛巾把我从头到脚搓到通红，我都嫌痛，但如今回想，那也是父亲对儿子一种爱的表现。

此外，过年切年糕时，父亲会拿出工作用尺，仔细度量后，切得每片一寸不差。

这样的父亲也有不拘小节的一面。他会带我们上山采野菜，也会只穿内裤就潜入海底捕抓海鲜。他爱逛函馆早市，至今我到各地旅游，总想去逛逛当地早市，想必是继承了父亲的喜好。

他也爱说笑话、逗孩子开心。父亲的搞笑杂艺中，有一招是，要我们帮他检查"屁股虫"，当我们认真趋近查探时，他却突然大声放屁，害我们慌忙转身逃窜。如此愚蠢的作弄，就让全家笑成一团。

大概我五六岁时，每到村庄年祭，父亲都在脚踏车上架个装满冰块的箱子去卖冰棒。冰棒只在夏季特别时刻才吃得到，其他的小孩得来跟父亲买，只有我和妹妹可免费享用，这让我开心得意。

父亲常用他那大型旧式脚踏车，一前一后载着妹妹和我，潇洒吹着口哨，在乡间小路上奔驰。有时还把妹妹的湿尿布挂在把手上，一路国旗似的啪哒啪哒迎风作响。

坐在模样滑稽但英姿焕发的父亲身后，我拼命紧握以免摔车，任风一阵阵呼啸过，好怀念那样的时光。

至今我依然记得父亲吹的曲子，那是当时流行的西部剧主角打胜仗后骑马而归时响起的配乐。

偶尔父亲会带我到河边或海边捕鱼。父亲和我分握薄手巾的两端，站在岸边捕捞随浪而来的小鱼，一次可捕获许多，非常有趣。我们也曾搭小船去海上钓鱼。这是我最开心的父子同游时光。

晚饭后，把我们哄上床，父亲习惯一个人品茗，发出啧啧赞赏的声音。蒙着棉被觑望父亲放松休息的背影，让我也感到安心欢喜。

父亲到远方工作时，每月都会用信封装三万五千日元现金寄给母亲，那相比送报的薪资是笔"巨款"，我以每月都能赚这么多钱的父亲为傲。在我眼中，父亲是最伟大的男子汉。

记得父亲常说："五湖四海都有老天爷和一口饭"。一丝不苟、处处考虑他人的父亲，同时也是个把这种豪语挂在嘴边、豁达洒脱的人。

旅行时，眼看蒸汽火车就要开动，母亲都快急死了，父亲才不慌不忙地跳上车。我欣赏这样泰然自若的父亲。我喜爱大自然、悠然自得的性格，无疑也是遗传自父亲。

父亲五十三岁那年，到钏路出差贴壁纸，不慎自高架上摔落，英年早逝。无法在成年之后再与父亲同游畅谈，这成了我永远的遗憾。

第3章 十五岁的孤注一掷

"食前の言葉"

今ここに
大自然の営みと
人々の努れによって
育まれた食物を
いただける幸運に
心から感謝致します。
願わくばこのいのちが
世のなかと人々の
役に立ちますように
いただきます。

橋本宙八

母亲抱着父亲的骨灰坛回到家里。

办完告别式后不久,突然说要一个人去旅行。

她跨过津轻海峡,去了青森县的『恐山』,想与阴间的父亲联络。

透过盲眼降灵者,母亲听到亡夫的预言:

『未来儿子将从事与「食」相关的工作』。

父亲意外身亡时，我十四岁、国中二年级。

父亲每次出差，都用一块白色的大包袱巾将工具包好，扛在肩上。父亲最后的背影，至今仍铭刻在我脑里。

母亲即刻赶往当地，几天过后，抱着父亲的骨灰坛回到家里。

办完告别式后不久，母亲突然说要一个人去旅行。

从未听过母亲说这样的话，我们很担心。后来才知道，母亲从函馆跨过津轻海峡，去了青森县的"恐山"。

一如其名，恐山是个阴森恐怖的地方，据说当地有种降灵术可使人们与故人的灵魂相会。那里住着一群被称作"Itako"的盲眼降灵者，从古至今，恐山一直是视觉障碍者栖身维生之处，因全日本各地都有人走进这荒山野岭想与阴间亲友联络而闻名。

不敢相信母亲做出如此匪夷所思的举动，不过可想见那是一场前所未有的坚决之旅。后来，听了母亲的经历，我竟也想去一探究竟。

长子十二岁时，作为小学毕业纪念，我和他两人开车环日本一周，便顺道去了慕名已久的恐山。亲眼看过后，觉得恐山真像阳世里的阴间，放眼尽是温泉的热气升腾，硫黄味弥漫，崎岖荒凉，不枉"地狱谷"别名。

在那中央，有一个奇异的湛蓝小湖，湖畔插满鲜红色风车，旋转时发出喀啦喀啦诡谲的声响，还有一条分隔阳间与阴间的"三途川"，岸边遗留着访客带来的祭品，觊觎这些祭品的乌鸦，漫天盘旋飞舞，让人不寒而栗。

当年从恐山之旅回到家的母亲，跟我细说了与父亲灵魂相会的过程。

藉Itako"显灵"的父亲说："没想到会这么早

死去，真遗憾"，"未来儿子将从事与'食'相关的工作"。

听母亲这么说，我想象到的是，假使未来真如父亲所说，那肯定就是到姊姊们工作的、东京舅舅的糖果工厂吧？

经过六十多年的现在，正如母亲所听到父亲的预言，我成为在"食"世界工作的人。而且，既不是糖果工厂师傅也不是厨师，而是希望透过食物让人健康、改变社会以及世界的工作。

世事真不可思议！

母亲带我们到东京投靠舅舅

父亲逝世了，这个家今后该何以为继？母亲左思右想，决定举家搬到东京投靠舅舅。

舅舅不时千里迢迢前往北海道探望我们，跟母亲一样，舅舅是我在这世界上最信赖的人。大姊从国中时代开始就以类似养女的形式，住在舅舅家。二姊国中毕业后曾经在函馆工作一段日子，后来也前往东京工作，住在舅舅家。不忍母亲生活清寒，舅舅总是尽力扶助。

当时我和妹妹，分别剩下一个学期就从国中和小学毕业，所以我们先搬回故乡新潟，完成学业，再搬到东京。

当时的东京是年轻人心之所向、满载梦想的城市。许多与我同年代的人，在国中毕业后前往东京的公司就职，梦想着未来富裕的生活。我听到"东京"也是心如擂鼓、充满憧憬。可是，亲身踏入这座城市一看，对在新潟渔村出生、北海道乡间长大的少年而言，东京简直是异次元世界。

一家三口辗转跋涉终于抵达的东京，比我想象中还要庞大。在舅舅居住地的池袋火车站下车，仰望栉比鳞次的高楼大厦，倏然无缘无故潸潸泪下。今后将寄生于此的城市，看起来犹如一只巨大无比的怪兽，不安与焦虑瞬时排山倒海涌现。

舅舅在东京市中心管理一家由家族经营的小型糖果工厂，那工厂老板的宅第位在市郊，舅舅不但拜托老板，让他在宅第边上一角空地为我们搭建一间遮风避雨的小屋，还请社长雇用母亲作家庭帮佣。

虽然我们一家人再次过起寄人篱下的生活，但那是一栋独立房子，这对我们来说是极大救赎。堂堂老板的家，在我眼中当然是豪宅，豪宅里住着社长夫妇及儿子一家人，还有跟我们兄妹俩没差几岁的孙子们。豪宅旁还住着社长女儿一家人，也有跟我们兄妹年龄相近的小孩。我们被富裕的人环绕，带着拘谨的心情开始都市生活。

在人人自顾不暇的年代，这样承蒙舅舅与老板的恩惠，实在心怀感恩，然而我内心却不舒坦。

因为，老板太太不分昼夜也无论大小事，不时大声使唤母亲，母亲必得大声回应、迅速奔去听命侍候。每次听到她命令的口气，我都觉得母亲好委屈可怜，心情随之郁闷起来。

当时的我正面临国中毕业后上哪就业的课题，舅舅如我所料，已跟社长说好，让我像姊姊们那样到糖果工厂工作。舅舅这个计划，让我第一次对敬爱的他生起一丝莫名的厌恶。

倘若选了这条路，母亲肯定至死都得留在这里当帮佣。我和妹妹也得跟姊姊们一样在这家公司做工。不！我绝不让母亲一辈子看人脸色，如笼中鸟般困在这里。

带着母亲和妹妹住进公司宿舍

让母亲摆脱这环境的最后机会，取决于我毕业后的选择。尽管还是小孩子，我心里很清楚这一点。我把舅舅用心良苦的计划暂置一旁，私下找班导师商量，最后选择了一家位于东京郊区的无线电信公司。

无线电信的工作，听起来颇具开创性，更重要的是，成为员工可与家属一起入住公司宿舍。要是我能进入这家公司，就能摆脱眼前困局，给母亲自由。这是当时的我能为母亲尽的最大孝心。

我战战兢兢地将这计划告诉姊姊、舅舅时，大家都没表示同意，母亲也夹在我和舅舅、社长之间左右为难。不过，我意志坚定，无论大家怎么劝说都不为所动。我永远忘不了，当我的就业问题尘埃落定，母亲悄悄对我说："我真的好高兴啊！"这是我最想听到的一句话。

我选择进这家公司还有一个理由：公司设有在职培训所，可以同时工作和进修。在那里进修三年，即可在公司内取得高中毕业文凭。对只有国中毕业的我来说，这是一张小小的未来承诺书。而且，开始工作意味着可以赚钱养家，让母亲和妹妹过好一点的日子。这是我从小的梦想。

国中毕业的那个春天，我顺利进入这家公司，也如愿带着母亲和妹妹住进公司宿舍。那是十五岁的我，为了自己与家人的自由，有生以来第一次铁了心孤注一掷完成的事。

进入公司之后，通过考试、进入培训所。这也是有生以来第一次感觉自己成为"被选上的人"，自卑的我终于有一件可以对自己感到骄傲的事。

在职培训所是让未来有望领导公司的职工候选人进修技能与知识的学校，共分三个年级，每年级只有

▲ 国中毕业后考进附设培训所的电信公司

十五人的小班。

上午,跟普通高中生一样学习基础课程;下午,学习未来在职场上所需的各种知识与技能。除了学习,运动时间也很充足。在休息时间和体育时间,可以练桌球、羽球、剑道、排球等等,我每天都过得很充实快乐。

下班后去高中夜间部念了四年

很幸运地,母亲也受雇在公司食堂工作。公司宿舍在公司大门前,每天早上,母子分别前往各自的职场。

食堂位于培训所同栋建筑物的一端,母亲负责打饭菜时,只要看到培训所的学生去食堂,饭和菜都给大家盛得满满,大家都高兴称赞"桥本妈妈"的好,这样微小的琐事,也能让我由衷欢喜。

职场里的同学们与我的家庭背景相似，跟他们一起工作、生活非常自在愉快。第二年，开始依各人专长分配电气、机械、完结收尾等不同职别，我选择最讲究手指技术的制品完结收尾部门。

我继承了父亲的巧手，三年级时，曾代表公司参加当时技术人员都十分向往的世界技能大赛。当时的日本已是世界顶尖的技术大国，每一届都有技术人员赢得奖牌。虽然很遗憾地我没能赢得奖牌，但仍取得漂亮高分。那无疑是我有生以来最骄傲的成就，老师们也都看好我未来成为公司技术部门的重要支柱。

充实愉快的日子持续了一段时期，每天作息循着钟声规律运转。一想到从今往后都要过着如此单调的工作与生活，不禁有些惆怅。连自己都有点意外的是，一直不想上高中的我，开始考虑下班后去上夜间高中。

基本上公司不希望栽培出来的人才离开公司，所以明文规定禁止学生去外面上高中，但实际上还是有人瞒着公司去，老师们也宽容地睁只眼闭只眼。

于是，我决定报考从公司步行可及的三鹰高中。每天下午五点培训所下课后,我就隐身到工厂墙外,在三鹰高中夜间部念了四年。

个子矮小的我,竟从那时开始抽高。我想应归功于当时的环境:得心应手的工作与生活、尽情享受的体育运动,和食堂里营养丰富的餐点。

曾经充满自卑感的我,不知不觉中,在工作、学习、运动各方面都建立起些许自信,发觉自己已变成一个积极进取的人。

上日间高中的同龄少年都是家境富裕的孩子,而夜间部同学都跟我一样,白天得在职场上班。这里的学生年龄参差不齐,有的同学比我大好几岁,学校俨然是大社会的缩影了。

被可变身为不同角色的戏剧魅力所吸引

那时期,我很喜欢一位温文和善的社会科老师,常跟他聊天谈心。后来,我协助老师创立了学校未曾有过的戏剧社,担任召集人的我还成了社长。

当时怎么就如此轻易决定演戏？如今回想觉得不可思议，但我想这应该跟我小学时代看过舞台表演的经验有关。

大概四五年级，还住在函馆的时候，偶然有机会拿到免费门票，进剧场观赏当时著名歌手的表演。亲临剧场，我完全被那美丽梦幻的舞台震撼住了。其实那不过是普通舞台，然而对有生以来第一次看舞台表演的穷小孩来说，那真是勾魂摄魄的绮丽世界。

另外，可能也是被"可以变身为不同角色"这样的戏剧魅力所吸引吧！

夜间部社团活动从放学后的九点开始，十点必须离校，所以只有不到一小时时间，我们经常过了十一点还在排演，校工老是来催促我们回家。第二天一早又要上班，我几乎天天熬夜，但却甘之如饴。我们曾以自己创作的戏曲参加竞赛，颇受好评，那让我心满意足，更加热爱戏剧。

分配到职场部门成为正式员工后，离高中毕业还有一年时间，我继续上夜间部。但四年高中生涯接近尾声之际，我重新思考今后的人生，竟动念想改朝戏剧领域发展。

可是，母亲和妹妹的生活好不容易安稳下来，要是辞掉工作，就得搬出宿舍。我越想越烦恼。

有一天我鼓起勇气把想法告诉母亲和妹妹。我以为母亲会反对，然而她不但没丝毫不悦，反而对我说："你想做什么就去做吧！"一如以往，我的前途因母亲一句话有了定案。

我马上着手申请租金低廉的国民住宅，很幸运地申请到了。这住宅离公司有点远，位于东京郊外，母亲和妹妹搬到那里，我则下定决心独自生活。母亲依然从新家来公司上班。

母亲一生无法随心所欲地活，因此她更支持我和妹妹选择自己的道路，实在非常感恩。

为迎接大学生活倾全力打工

为了告别公司、踏上戏剧之路，我必须找到栖身的住处、能糊口的工作，更重要的是找到可以学习戏剧的地方。

最后我选择了早上送牛奶的工作。摸黑早起是我在小学打工送报就经历过的。牛奶店很欢迎边工作边学习的年轻人，店旁边有间员工小宿舍，住着跟自己年纪相若、半工半读的年轻人，老板夫妇很照顾我们。

每天工作由清早四点开始，把牛奶箱搬到大型脚踏车后座，左右两边把手挂上大布袋，袋里也装满一瓶瓶牛奶。满载脚踏车极难平衡，光扶着都重得快要倒下，没相当脚力腰力的人根本骑不动。每天大约花两个小时，把牛奶送到一百多户人家，虽然极耗体力，但对我来说却是绝佳的体能锻炼。

那时我的身体已强壮得让自己都有点意外。有住处、有收入、工时短、又可锻炼身体，每天工作结束后还能喝上鲜奶，这真是十分理想的工作。

我想既然选择戏剧之路，就一定要成为"日本最佳演员"，因而想进入一流剧团学习。于是，我先去一家著名的剧团培训所看看，遗憾的是，培训所已关门了。还好不久后，培训所升格为日本第一所戏剧专业的大学，隶属于音乐界著名的桐朋大学，名演员千田是也担任校长，召集了各方一流戏剧专家来授课。

我参加了这所学校的入学考试。只有高中戏剧社团经验的我，当然落榜了。

不过，想要贯彻这条路的意志丝毫未变。为了翌年再次挑战，我决定在东京一个小剧团当研究生，用一年时间每晚学习戏剧基础。

早起送牛奶，日间还兼其他打工，晚上学习戏剧，几乎每晚都忙到凌晨，但我丝毫不以为苦，反而为朝着梦想前进而雀跃不已。

"五湖四海都有老天爷和一口饭！"父亲这句口头禅常在我心，现在轮到我实践这样的豪情壮志。

我加入的剧团有点老派，承袭俄罗斯现实主义戏剧严肃的风格，跟我想追求的自由演技恰恰相反，戏剧内容也充斥政治色彩。那时代，很多学生都热衷政治运动，剧团常以促进政治改革为目标，政治立场不同的舞台剧演员，有时会带棍棒互砸舞台。原本我对政治毫不关心，但身为一个劳动者，也对社会弱势者被政治压榨愤愤不平，因而加入反政府的学生运动阵营，还为了对抗警察去练拳。

在那同时，我也对观察社会百态兴致高昂。我随机在各处打工，做过餐厅和爵士乐咖啡馆服务生、深夜修路工人、铁工厂黑手、保龄球场清洁工、露天剧场灯光师、闹市秀场工作人员等等。我相信，亲身体验世间万象、深入观察各阶层人士，是精进演技的重要功课。

我第二次挑战入学考试，终于如愿成功，又幸福又骄傲。

为迎接憧憬已久的大学生活，我每天倾尽全力打工，并用积蓄买了一部机车，开学后，总迫不及待在上课前一个半小时就抵达教室，开始独自仔细打扫用来练习体操和芭蕾舞的戏剧系实习室。

那是一个可容纳几十人的木头广间，扫一遍再擦一遍，至少要一小时。清洁完毕便在玄关洒水防尘，然后静候上课。就这样自动自发，为"戏剧修行圣坛"整整打扫了两年。

当然，第一个进教室的总是我，我坐在最前面，整堂课意气高昂，下课时最后一个离开。

恩师北泽方邦引领我直面身体现实

那时我老穿木屐，不爱穿鞋的束缚感，旁人肯定觉得我是个古怪的学生吧！

二十一岁的我青春正茂，但我不像多数同学那样开始享受恋爱时光，工作之余就一味锻炼身体，一心一意要在戏剧界出人头地，此外的事物完全不在意，连自己都自认无趣。

其实我有遇过主动来告白的女生，可是每当感受到暧昧情意，我的身体瞬间僵直，脑袋一片空白。如此慌张失措，连自己都不齿，机会自然只能白白流失。至于我自己心仪的女生，越在意越害怕靠近，一样畏首畏尾，非常窝囊。

回忆青春年华,我走的路总是偏离常人的正轨,毫无疑问地,那不是康庄大道,而是寂寞的后巷。这并非特意选择,只是自然结果。

虽然非常努力,但我没被赞许过有演员才华。

这所被誉为日本第一所戏剧大学的学校,以培育开创时代戏剧人才而创,设有多样化尖端课程。举凡日本舞踊、能剧、狂言、芭蕾、声乐、哑剧……,应有尽有。课程如此丰富,学费相对也十分昂贵,学生大多来自经济中上家庭,很少像我这样一穷二白的。

艺术不是靠努力就行得通,往往相反地要放下无谓的努力,以便激发自由创意。做什么事都太过用力的我,无法像同学那样无拘无束地发挥,各科成绩都不怎么样。此时,童年的自卑感又一点一点浮现,逐渐陷入苦恼,又纠结扭曲成怪罪老师"根本不懂因材施教"的傲慢心态。

话说回来,在我心中确实一直有个信念,那就是,若世上存在所谓真理,那一定是人人都能理解、实践、达标的，不管哪个领域，都绝对应该如此。无论什么情况，这成了我研判是非成败的前提。

我抱着解放自己的渴望投身戏剧世界，但实际进入后却发现，这只让自己更不自由也更自卑。

探索戏剧世界，阅读极为重要，偏偏我有点阅读障碍。儿时记忆里，父母从没教我们阅读，我也不知阅读为何物。说来惭愧，只有想阅读的心比人强。我想成为一个能好好阅读、好好写作、好好在人前说出心中想法的人。

奇怪的是，每次吸引我翻开的书，都不是戏剧专门书刊，而是探讨人事物本质的哲学类著作。书桌上堆满这类读到一半就因太深奥而读不下去的书。

有一天，诺贝尔文学奖候选人安部公房老师在戏剧系课堂上说："未来的戏剧人必须具有知性，你们可多多向音乐系的北泽方邦老师学习。"这话触动当时一心想变聪明、知性的我，于是下课后马上与同学一同拜访北泽教授研究室。

北泽老师立即亲切地接待我们，还热情分享他对戏剧未来及多元文化的见解。后来，各大学请益的学生渐渐多起来，老师家俨然变成私塾了。

我此生与北泽老师深长的师生情缘，就此拉开序幕。

北泽老师专攻构造人类学、音乐社会学、科学认识论，是当时日本首屈一指的公共知识分子。他不但精通多国语言，还能演奏钢琴、印度西塔琴，并自修瑜伽编入日常健身法，甚至为此撰写专门书籍。他毕业于机械专科学校，根本没上过大学，却能无师自通，在东京大学教授尖端数学。如此多才多艺，完全是天才型学者。

老师带领我直面身体现实问题，还开拓了我对政治、性别、新闻学等诸多领域的眼界。后来我们还创立了以北泽老师为主导的剧团，通过他广泛的人脉，我与纽约大学Richard Schechner教授也结下缘分，跟他的学生一起在东京企画、举办表演工作坊，透过这些活动才发现，原来自己想在戏剧世界追求的，并不是所谓的演戏，而是探究如何恢复人在社会中逐渐失去的身体感知，这样一个现代文明面临的重要课题之核心。

随老师进入更广阔的世界后，戏剧课程突然变得乏味。第三年，升上专攻学科之际，我决定主动退学。

与北泽老师的相遇，正是我开始关切身体与"食"的契机。这段因缘非常珍贵，可以说若无北泽老师，就没有现在的我。

第4章 新胜寺断食初体験

"食前の言葉"

今ここに
大自然の営みと
人々の関わりによって
育まれた食物を
いただける幸運に
心から感謝致します。
願わくばこのいのちが
世の中と人々の
役に立ちますように
いただきます。

橋本宙八

那是前所未有的感受。

当时的我完全无法理解,只是沉浸在无限的自由幸福和平之中。

这意外的体验,令我此后人生起了一百八十度转变。

多年后,我才知道那并不是什么神秘经验,单单只因为,身体得到净化了。

在我坐困愁城的日子里，有一天朋友问我："要不要去试试断食？"

这位朋友跟我在同一所大学研修戏剧，对舞蹈很有兴趣，为了成为伟大的舞者历尽各种修行。有过断食经验的他，给了这个建议。

完全不知断食的我，不知为何立即被这名目吸引，马上说要去！

那时，我与几位要好的同学一起在居酒屋打工，在那里学会喝酒，享受把酒言欢、高谈阔论的时光。平时太过紧绷的我，喝点酒顿觉身心舒畅，不知不觉仗着打工不错的收入，开始经常结伴出入酒场，日子过得有点放荡无度，偶尔彻夜饮酒至天明。渐渐地身体状况变差了，当然也让表演质量更加粗劣。这让我更焦虑烦恼，而更焦虑烦恼便更想喝酒逃避。

毅然决然要去尝试断食，大概也是想跟这种恶性循环一刀两断吧？

眼前万物闪闪发亮如雨后清晨

断食堂位于千叶县新胜寺。新胜寺是举办相扑、歌舞伎等传统节庆仪式的知名寺院，其断食堂还因江户幕臣二宫尊德在此开悟而声名远播。

断食堂位于寺院大门前，参加者必须有医院健康证明书，可自由选择时程，我选了一周断食。

断食堂分男众和女众左右两栋，室内终日阴暗，大约十名参加者在大通铺上并排就寝。负责的法师发给每人一个大水壶，简单说明断食原则，即完全禁止进食，但饮水随意不限。

新胜寺香火鼎盛，每天信徒络绎不绝，周边旅馆栉比鳞次，还有多间大小餐馆。入夜后，流动拉面摊的清脆铃声、烤地瓜的叫卖声，此起彼落。

二十六岁正值食欲旺盛，在那样的环境中断食实在相当煎熬。几度半夜饿醒，想干脆放弃，又咬牙拿起枕边水壶，一口干完。整夜四周不时冒出咕噜咕噜声，分不清是又有人起床喝水，还是肚子在哀号？

实在饿得受不了时，可到寮房边的水井打桶水，从头浇下，即所谓"水行"。二月寒冬深夜的井水冷冽刺骨，不过，浇灌之后，身体却出乎意料地瞬间变暖，心情也稍微舒坦，重回被窝，马上就睡着了。

白天无所事事，三三两两坐在廊檐下晒太阳，天南地北闲聊，聊的都是食物。滑稽的是，我们穿的木屐上原本烙印着"断食堂"三字，但"断"字被削磨掉了，只剩"食堂"二字。想必是曾有哪位参加者想"食堂"想疯了，因而有此"杰作"。

寺院里聚满鸽子，光看它们啄食米粒豆子，也让我们油生羡慕感动，不禁蹲在一旁流着口水仔细端详。终于"看饱"后，则转到寺院图书馆翻阅食谱"充饥"。

在寺院的断食，毫无想象中僧侣修行的庄严肃穆，七天都熬得狼狈不堪，终于熬到最后一天早上，心情雀跃地收拾包袱，巴望着法师端来断食后第一餐。虽然那不过是半碗白米粥配点烧味噌，但一口一口滋润每个细胞，感觉真是生平空前好吃的一餐！

步出寺院，周边水仙花正娉婷绽放，一片幸福的早春光景。我搭电车回东京，午后乘客稀疏，我心旷神怡，悠然眺望窗外流逝的田园风光。

刹那间，眼前万物突然闪闪发亮，宛如雨后清晨，每片叶子上的水珠都映着晨曦熠熠生辉，那辉煌璀璨向远方不断延展，无边无际。

"这究竟怎么回事！"我回过神来，转头看看车厢，平常无奇的车内景观竟也美丽别致起来，每位乘客看起来都那么可亲可爱，我心中涌现好想紧紧拥抱一切的热情暖流。

那是前所未有的感受。当时的我完全无法理解，只是沉浸在无限的自由幸福和平之中。

这意外的体验，令我此后人生起了一百八十度转变。

经过多年的历练后,我才知道那并不是什么神秘经验,单单只因为,身体断食后得到净化了。

人人都在追求"幸福青鸟",那青鸟也许是金钱、物质,也许是健康、自由,因人而异。多数人都以为,那青鸟栖居在自己以外的某处,我也曾经到处劳碌追逐。然而,青鸟其实存在自己生命深处,我一直看不到,是因为身体脏污堵塞,已失去原有的感知能力。

"悟"这个字,本是"觉知我(吾)心"。透过断食,我第一次感觉到与真正的自己相遇。

深深着迷于自然农法与正食世界

这次断食还给我另一个新奇的邂逅。

当时有位一起断食的同世代年轻人,带我认识了自然农法。这农法主张"完全不耕地、不施肥,什么都不做",其创始者福冈正信被视为中国老子哲学的实践者,曾获得有"亚洲诺贝尔奖"之誉的麦格塞塞奖(Ramon Magsaysay Award),驰名全球。我深深着迷于这种农法的生命观与世界观。

断食结束之后，我们约好一起去听福冈老师的演讲。当时福冈老师在年轻嬉皮圈内相当有人气，会场来了许多嬉皮风格的年轻人，连福冈老师也是以这种风格登场。他一身僧侣出坡时穿的作务衣，留着长长的白胡须，散发不食人间烟火的仙气。

演讲会上，福冈老师展示了一束以自然农法栽培的稻穗，其茁壮模样叫人叹为观止。一般稻穗越丰硕越下垂，然而福冈老师的稻穗长到一公尺依然挺直，真是出类拔萃。

福冈老师的栽培法也是前所未闻。他既不做苗床，也不使用化学肥料和农药，主张"什么都不带进稻田，也不带出稻田"。他只把米混黏土做成团子，然后把团子撒进田里，如此而已。

听说当时福冈老师以自然农法超越一般农法的收获量，真是彻头彻尾颠覆了世间常识。

在这段因缘之下，我又接触到老子的世界，也结识了一位出版界人士，他不仅促成福冈老师《一根稻草的革命》一书，还积极向全球推广老子哲学。日后，我们合力在日本成立老子研究会，甚至一起参加了当年在中国举办的国际老子学术会议。

自然农法与老子世界，和众生想赚更多钱、获取更多知识信息、享受更宽裕的生活天差地别，那是什么都不需要也不依赖、一切托付给大自然的无为之道。"自然无为"后来成为我的座右铭。

当时福冈老师的书籍大多摆在自然食品店及餐厅。有一天，我在一家自然食品店找书，目光无意间停留在某本书，随手翻开一读，全身立刻犹如触电。

书本扉页写道：

"诸君若希望健康幸福自由的人生，不可不知'食'之奥秘！"

这段文字进入眼帘的瞬间，我直觉："就是这个！这就是我寻寻觅觅的！"

那是一本所谓"正食"领域的书，"正食"也称作"Macrobioticdiet"，以阴阳调和为基础的自然饮食法。那本书是"正食"创始人樱泽如一老师撰写的

《无双原理·易》。书中阐述"正食"的根本思维在于理解宇宙秩序与自然法则,"正食"世界观与自然农法相同,是以老子的阴阳论为基础,只要理解阴阳法则,即能通晓宇宙森罗万象。

这单纯深邃的说法,让我深深着迷。

此外,关于何谓人生,何谓人类,何谓世界……等大哉问,书中都有直白的惊人简答,甚且断言,想要健康幸福的人生,则必须"摄取正确的食物""理解宇宙的秩序",并且宣称这是人人皆可行的真理。

我从小一直相信,所谓"真理"一定是最简单的。"若真理只能为特殊人士所有,岂能公平?神明肯定不会这么做!"幼小的心灵这么想,也许只是一心想护卫当时笨拙又充满挫折的自己。

终于找到自己要走的路

无论如何,民以"食"为天,由生至死一刻也离不开。不管人种之别、男女老幼及岁数之差,人类生存便必要"食"，几乎可等同生命本身，人人都能藉由"食"获得健康、幸福、自由。

我内心激动不已，自己莫非是为了与此书相遇才出生的？我相信循着这条"食"之道前行，我也必能获得自由、发现真理！

五十年之后，我初心依旧，持续走在"食"的道路上，并更坚定当年的直觉无误。

正如父亲的亡灵所预言："儿子未来将从事与食物相关的工作"，只是没想到会是以这样的形式呈现。

难道这就是我的天命？

原本以戏剧为此生职志，但发现"食"的世界之后，我知道终于找到自己未来要走的路了。

首先，最想跟母亲说明报告。

当时母亲独居在郊区，还在我之前任职的公司食堂上班。我偶尔抽空回去探望，看到我，她非常高兴，我也因吃到久违的家常菜而开心。但我能回去的日子都是自己的休假日，而母亲却必须上班。

周日外，母亲每天都得通勤超过一个小时去上班，早上我还在睡觉，她就为我准备早餐，匆匆收拾善后又出门赶车。每次听到她远去的脚步声，我胸口都隐隐作痛。

母亲从不依赖我，也从无抱怨，不管什么状况都有"自己一个人活下去"的决心。与母亲相反，我一直任性地追求自我，目标一变再变，成人了还无法奉养母亲。

母亲几乎不知道我的学业、工作与生活，我也不知从何说起。猜想她对这儿子的前途多少有点不安吧？当我又突然说要放弃戏剧之路，投身"食"的世界，母亲什么都没说，只是静静听着，然后"嗯、嗯"地点点头。

母亲无论如何都愿意成全我"自由地过自己想过的人生"，再次默默包容我的一意孤行。

第5章 为妻儿亲手盖一个家

食前の言葉

今ここに
自然の営みと
人々の culture によって
育まれた食物を
いただける幸運に
心から感謝致します。
願わくばこのいのちが
世の中と人々の
役に立ちますように
いただきます。

橋本宙八

尽管只是在暂租的破房子里勉强过原始生活,她仍认真推着女儿的娃娃车,每天在山径上快乐散步,风雨无阻,不屈不挠。

那在我眼中,飘散着难民穷途末路的凄楚。

因为我们没钱请工人,我决定自己盖房子。

古时男人都是自己亲手打造家园,我想我一定也办得到。

虽然具体还说不上要做什么,但一种终于找对路的自在感,让总是过度认真、僵硬严肃的我,第一次想要歌颂青春。

在这样的心情下,随朋友去小酒馆,竟遇见了此生伴侣。

那家店是我和朋友们经常聚会的地方,当时还是大学生的她,正好在那里打工。后来她跟我说,她听到我在店里畅谈"食"的世界何等奇妙有趣,又对世界有何等重大意义,觉得我这个人蛮有意思的。

我一向拙于与异性相处,老是慌张失措,然而不可思议的是,二十六岁的我在十九岁的她面前却能自在地侃侃而谈。我们就这样开始约会,互诉未来梦想,并在交往约五年后决定结婚。她是来自爱媛县的片上知亚季小姐。

我们情投意合，对家庭生活有一致的愿景——居住乡野、养一群孩子、过着理所当然生活的理所当然的人。

向母亲报告结婚的想法，母亲很为我们高兴，但知亚季的父母却不大赞成。

当时我没有安定的工作，是个无拘无束度日的逍遥人，怎堪托付掌上明珠？知亚季一再对父母说明我们的未来计划，父母越听越觉得行不通，更加反对。

但我们心意已决。于是，我穿上平时不穿的正式西装，刻意强行登门拜访，"自我推销"。可惜我紧张忐忑、语无伦次，急着把自己要说的话说完就结束拜会了，结果可想而知。

拜访之后，她双亲更觉得我是个不按常理行事的荒诞男子，甚至放话不准我再跨进她家门槛。这让我颇为惊愕，但知亚季的决心毫无动摇，这对我来说真是天大的救赎。

最后，知亚季的父母拗不过她，还是不情不愿地出席了朋友们为我们策划的婚礼。他们愿意出席意味着对我有些许认可,仅此我也倍觉欣喜。只是,一如岳父母所担心的,婚后我们有很长的时间都还在尝试自食其力。

理想家景是孩子们在大自然里玩耍

我们夫妇认真利用时间,持续前往"正食"中心学习,我学习理论,她学习烹饪,两人志同道合,沉浸在"食"的世界,携手朝梦想一步步前进。

我从小就为生活拼搏,所以自信没有我跨越不过的困难,而知亚季成长于幸福家庭,一向不挂心经济,这样的我们对未来单纯地满怀雀跃。

我们一有空就在东京周边乡村寻觅理想住屋,某次聚会中,知亚季遇到一位来自福岛深山的人,我们都欣赏他的言谈举止,也神往他热爱的山林,相熟之后常到他家作客。那是位于东北地区南部,福岛县磐城市的一个深山村落,仅十几户人家,宛如遗世独立。

那村子只有几名儿童,却有一所小小的分校,是个可以育儿的环境,距离东京搭电车约三小时,对工作来说也还行。当时日本偏乡都很欢迎年轻人移居,渐渐跟村民熟络起来后,我们自认也可以这样过生活。

当地区长为我们找到一片理想土地。那在村落稍往深一点的山里,曾是村民共同饲养农耕马的地方,大约棒球场那么大,但长年荒废而成了荒野,有条清澈的溪涧流灌其间。

我们马上爱上那里。

我们心目中理想的家庭风景,是孩子们在大自然里自由自在地玩耍;另外,就是要和家人一起探索与实践"食"的真谛。

我搬到东京二十年,感觉自己已在都市中闷得有点体弱力衰了,正渴望重回大自然,找回自己原本的活力。但眼前的现实是,我们得先赚到买地的资金。

正巧朋友邀我跟他一起在超市卖年糕。我最爱吃年糕,还打过捣年糕的零工,就这样投入卖年糕大约半年,买地的钱终于有点眉目,离梦想家园又近一步了。

这时,知亚季怀孕了。以"透过饮食管理自身健康"的生活方式为目标的我们,决定不借助医生或助产士之力，夫妇俩要亲自接生孩子。当我告诉母亲这计划，母亲惊诧一下后就接受了，毕竟她已习惯我总不按牌理出牌。但岳父母那边，我们决定静待时机，日后再向他们报告，免得徒增担忧。

在新居完成前，我们先离开东京市区的公寓，搬到郊外母亲家，决定在那里迎接孩子。

相信人天生能像动物般自行分娩

当时东京有家"分娩学校"，供有意在家分娩的人学习，我们俩定期去上课。很感恩能认识那里的助产士，她们充满将传统分娩方式传承下去的热诚，不畏与时代逆行，大力推崇自然生产。记得个体发生学专家三木茂老师从科学角度详细解析受精卵、胚胎、妊娠、分娩，对身为男性的我来说，全是闻所未闻的知识，既神秘又叫人敬畏、感动。

学习越多反而压力越大，对知亚季来说，简直是拿孩子和自己性命作赌注。

尽管如此，我们仍选择相信，只要饮食正确就绝对有健康的母体，人必然天生能像其他动物那样，自行平安分娩。

这莫名坚定的信念是我们面对生产唯一的支持。

我们每天都正面迎战。她随时注意自己管理自己的身体与情绪，确切实践所学，还详记日记。我也每天陪她散步，精神抖擞。

临近预产期，母亲为了不打扰我们，决定搬到福冈的妹妹家暂住。我们也因不用让母亲担心而松了一口气。

开始阵痛的早上，我迅速着手准备，并如常整理打扫家里。为防自己一紧张方寸大乱，我把所有注意事项逐一用万能笔大大写在月历背面，放在知亚季身旁，同时烧开分娩用的热水。知亚季看到我穿着围裙、卷起袖子、头上绑着日本薄手巾，好一副"男产婆"装扮，不禁扑哧笑了。

入夜后，阵痛间距渐渐缩短，感觉孩子快要出生了，紧张时刻越来越近，终于迎来那个瞬间，知亚季的气息随着阵痛起伏，如同我们上课所学，婴儿缓缓扭转着身子出来了。

我极度紧张地用双手接住婴儿的头,最担心脐带缠绕,所幸只是多虑。最后,知亚季深吸一口气再放松力气的瞬间,婴儿顺利出生、马上发出元气饱满的哭声了。

不过,我惊魂甫定后仔细端详这初相见的女儿,与我想象的红婴儿差异未免太大,她全身青紫,满脸满身都是胎脂,看起来宛如诡异的外星怪物。

我笨手笨脚剪下脐带后,把女儿抱到知亚季胸前,她哇哇哇不知在说什么,原来是哭了,我听着也喜极而泣。

第一次亲睹女性作为生物的神奇时刻,我被深深撼动了,同时,对女性的坚忍强韧由衷佩服,女性太伟大!母亲太伟大!

后来,知亚季将分娩经验写成《想要自然分娩》一书(地涌社,1994年),听说至今依然有许多希望自然分娩的年轻世代阅读这本书,真是欣慰。

此次生产成功的经验,让我们夫妇俩对"食"之道更具信心,对往后共同为"食"的志业奋斗的人生旅途来说,这无疑是第一块稳固的踏脚石。

为自己盖房子开始木匠学徒生涯

在我们开始乡下生活之前,女儿出生了,可是,我们心心念念的土地,还有繁缛的法律手续未完,除了等待,别无他法。

就算买到土地,总得有房子住,房子的资金怎么办?

答案很简单。房子大半贵在人工成本,如果自己盖,则可省下这笔费用,取得旧材料就能低价完成。

古代的男人都是自己亲手打造家园,想必他们跟我一样没金钱、没知识、没技术。古代男人办得到的事,我没理由办不到,就跟女人自然分娩一样——异想天开的我又现身了。

但这念头也并非毫无根据。我父亲本是巧匠,而我在职训所也学习了各种技术,我想不过就是盖栋房子,难不倒我!

听说当地村民有位亲戚是木匠,我便情商让我去见习,幸运地在木匠家附近租到房间,很快开始学徒生涯。

起初工作内容的大半是帮师傅清扫打杂，后来师傅热心传授知识经验，我拼命记笔记。学习过程中，我重新意识到自己果然是个喜欢手作的人，学着学着就沉迷在木工世界中。

实习了半年左右，总算有点概念，不过，仍在很粗浅的程度。期间，终于收到通知，顺利买下了土地。

房子建好之前，我们先在村里租了一间废弃的老屋，虽然雨天会漏水、冬天屋内水桶会结冰，得用胶带勉强封住缝隙，但总算一家三口团圆，我感到幸福满溢。

我们的水源是屋外的水井，有别于东京的自来水，属天然山泉，滋味清甜。下厨有瓦斯桶可用，但也摆了小柴炉，尽可能烧柴节省开销。在如此简陋的厨房里，望着知亚季背婴儿下厨的身影，宛若走进古早农村电影的情节。

浴室在屋外，下雨或下雪的寒夜，我们常抱着孩子冲到屋外，直接跳入浴缸。三人一起泡澡的时光，犹如置身天堂。

家门前有块小小菜圃，我们边学边种，每种收成都鲜美可口，让我们真心赞叹乡村自然生活的丰裕。

尽管只是在破房子里，勉强过着能吃喝拉撒睡的原始生活，知亚季仍认真过得有模有样，她每天必定推着女儿的娃娃车，在古木参天的无人山径上快乐散步，风雨无阻，不屈不挠。

然而，那景象在我这一家之主眼中，一点也不浪漫，反而飘散着难民穷途末路的凄楚。我感到愧对母女俩，决心要更努力让她们过好一点的日子，而此时的知亚季已全然蜕变为一位顶天立地的伟大母亲了。

妻子在两岁女儿陪伴下独自在家生下儿子

长女果游大约两岁时，我们迎来第二胎。这一次可进一步实现在自然生活中分娩，这间破房子不用说就是我们的产房。

那段时期，我偶尔前往东京打工赚钱，也在姊姊们经营的蔬果店帮忙，同时继续进修"食"的知识。由于是第二次生产，明知临盆在即，我也胸有成竹，认为应该没那么快，一切没问题。

那天知亚季来电说感觉快要生了，我于是在工作结束后，半夜开车回家，车程要三小时以上。我依然认为应该赶得及。

将近黎明时，终于到家。急忙下车、奔入屋内。哪知知亚季已在两岁长女陪伴下，独自生下了长子。

我不住地道歉，觉得知亚季再怎么责备抱怨，都不能消减我的过错。没想到知亚季竟然只用异常平静的声调说："是个男孩喔！"还重复说了好几次："果游也在旁帮忙呢！"这次绝对是母、女、子三人一起合力完成的美好生产。

她就这样静静地温柔地包容了毫无贡献的我。后来我才知道，她打从一开始就不想依赖前往东京工作的我，早做好一个人独力分娩的准备。

刚出生的长子，在知亚季身旁甜甜酣睡。此情此景让我顿时泪流不止，那是对知亚季抱歉的泪，也是对平安出生的儿子感激的泪。我再次深深体会，男人在

"分娩"之际是多么没用。

第一次帮朋友进行半断食自然疗法

虽说乡下日子花费不大,但毕竟家里已有两个小孩要养,真不能再随兴打工,必须开始认真工作赚钱。我绞尽脑汁想到,何不为病患提供住宿、以饮食疗养疾病?然而,谁愿意花钱来这种地方住破屋?冷静细思,实在是天马行空的妄想,不过,只要有一丝丝可行,何不放手一搏?

我寻思着,脑里蓦然浮现一位从前在东京一起打工的朋友,听说他最近得了胃溃疡,已住进东京一家大医院,准备几天后手术。我前往医院苦口婆心劝他:"胃溃疡手术很辛苦,术后还会痛很久,要不要考虑来我家进行饮食自然疗法?"

按常理思考,这样的轻举妄动不只荒唐,而且还把朋友和我们家全推进高风险区,哪知几天后,那位朋友竟然决定相信我的话,带着行李直接住到我们家来了。也许是和他一起工作时，我就不时对他热心宣扬饮食健康法的美妙，他想就姑且一试吧！

就从朋友来的那天，我开始边实践边构思一套以"半断食"来治疗疾病的体质改善法。一名教练、一名学生，一对一教学。菜单是一日一餐，一碗撒上芝麻盐的糙米饭、一碗味噌汤、两片腌萝卜、一个梅干，一天仅仅两杯茶，朴素之至。但每一口必须彻底咀嚼两百下。

我陪着他，两个人在七天内超严格地这样执行。

如果说课程还包括其他内容，那不过是分享我自身的"食"之经验谈，每天陪伴长程健行，以及傍晚的村落闲逛。

以这样的课程内容收取费用，想来实在荒谬，但我也没多想，一心一意相信这样可以治愈他的病，只要能帮他找回健康，其余都是次要的。他感受到我的满腔热情，也认真地紧紧追随着我。

第五天清早，他一个人出门散步。散步归来时，他谨慎地捧着一包以树叶包裹、上头饰以一朵可爱野花的东西。他像挖到宝一般，满脸欣喜地对我展秀那包东西，哈哈大笑说："宿便排出来了！"那是刚刚排出的深黑色宿便。两个大男人于是为一坨大便高兴得又叫又跳，完全忘了知亚季和孩子们正在一旁吃早餐。

七天后，朋友神清气爽地回家去，不久他联络我说，医院检查报告显示，他的胃溃疡已完全治愈。这给我很大的鼓舞，更坚定要走"半断食"这样一条可以助人恢复健康快乐的路。

大约又过两年，知亚季又怀孕了，正所谓"贫苦、穷忙、子女多"。这么一来，租赁的破屋实在不够住了，我不得不硬起头皮，决心在我们的土地上，把我们的家盖起来！

在新居迎接新年和全新的生活

盖房子的钱不知道在哪里，但在脑袋里擘画完美住宅不用钱，每晚哄孩子入睡后，我们夫妇俩就热络讨论自力造屋计划。一个月后，完成了大约三十坪的木屋设计图，我们都很乐。

一般木匠至少得五年才能出师造屋，我仅仅当半年学徒就想建筑理想家园，真是天方夜谭，但没办法，我们实在没钱也没时间等待，只能单凭憨胆往前冲。

我决定到周边城镇回收解体屋材料，幸运的话可免费取得，这样最省钱。我每天带着糙米便当前往工地。废弃几十年的荒野，杂木芒草横生，第一步得先整地开垦。我的工具只有铲子和小电锯，必须徒手将树木一棵棵连根拔起，工程比想象中更费力。

更棘手的问题是，不管多小的房子都不可能只靠木作，从打地基开始，就不得不考虑水电配置、水泥油漆铁工等等工程，样样生疏，完全不知从何下手。所以，一听说有水电工匠或泥水匠进村，我就赶紧去观摩请教，就这样光凭一招半式，学到哪盖到哪。

其中最伤脑筋的是掘井。该挖哪、怎么挖，一窍不通，径自凭直觉瞎猜，拿起铲子便挖。表面松软还好挖，挖越深越困难，因为都挖到坚硬的岩盘了，使劲举铲猛敲，有时还冒出了火花，奋力连挖一小时，也只挖了三五公分而已。

挖出来的泥土铲入桶内，用拉绳一桶一桶拉上地面。这么费力的粗活，只能靠怀着第三胎且临盆在即的知亚季一人承担，让孕妇做如此粗重的工作，我实在是个无脑莽夫，而自告奋勇要帮忙的她，也真是太疯狂了。

我从早到晚潜入土洞里不停挖掘，就在我怀疑没挖对地点、打算放弃重来时，岩盘缝隙一点一点渗出水来了！我想，挖到黄金钻石大概就跟这一样兴奋吧？

我整整用了一星期，弄坏三把铁铲，终于挖了一口八公尺深的井。过程间万一有落石，以那高度必造成重伤，而我连头盔都没戴，竟然平安完工！

我一心想为家人盖房子而浑然忘我，什么都不怕。整个工程大概都是这样，凭感觉独力摸索，前后共耗费一年半，终于在一个白雪纷飞的圣诞节搬家，在我们的新居迎接新年和全新的家庭生活。

我从盖房子学到的是，天下无难事，只怕有心人。新居落成后，我感觉那种在城市流失的、从小相信自己无论到哪都有办法生存的豪情气魄，似乎又回到我身上了。

▲ 通往桥本家的林间小路

▲ 位于旧宅旁的小木屋,是桥本先生练习自力造屋的第一个成品,曾用作工具间及书房,也是后来尝试断食一个月的关房。

▲ 四十年前赤手空拳打造的磐城山居旧宅，不但是五名子女安心成长的家园，后来也成了正食志业的基地。（前方白色主屋为自宅，其右侧建物为后来加盖的学员宿舍，其后方是小仓库）

第5章　为妻儿亲手盖一个家

食之道：简单生活中的生命之光

▲ 年少经历许多磨难与挑战，一度想成为演员，最终确定走向饮食教育之路。

◀ 上：唯一的全家福照片（摄于国中一年级、父亲过世前一年）

◀ 下：国中毕业后考进有建教合作且附宿舍的公司，开始就业，全家因此不再寄人篱下。

食之道：简单生活中的生命之光

▲ 上：年轻时受自然农法大师福冈正信（左）启发，更坚定以"食育"为毕生志业。

▲ 下：恩师久司道夫（右）长期以美国为据点推广"正食"，曾邀请桥本先生赴美参加饮食国际会议。

◀ 婚后搬到福岛磐城深山中，跟着木匠学习、自修，与妻子知亚季一起打造自给自足七口之家。

▲ 远赴澳洲、爱尔兰、西班牙等地，开办半断食课程，体会到"食"的课题不分国界。

▶ 上：课程包含以脚做全身按摩，由学员两两轮流从肩部到脚底踩踏按摩。

▶ 下：磐城旧宅加盖出来的学员宿舍，也成了社区艺文活动中心。

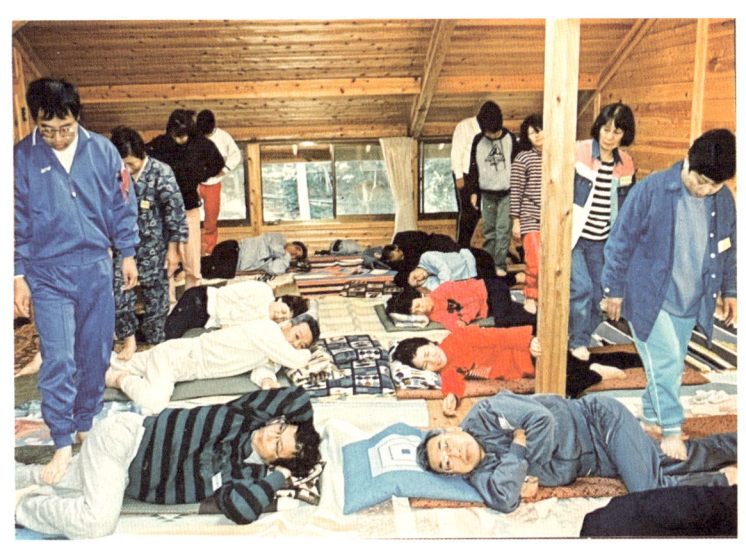

第5章 为妻儿亲手盖一个家　　097

食之道：简单生活中的生命之光

▲ 2023年摄于福岛磐城森林里的旧宅,桥本先生坐在当年独自闭关断食三十日的小木屋前。

◀ 顺时针方向:桥本先生脚边是年轻时徒手开挖的八公尺深水井、自宅厨房、重新整修后的学员宿舍二楼卧室、学员宿舍及阳台回廊、自制的门牌。

第5章 为妻儿亲手盖一个家　　099

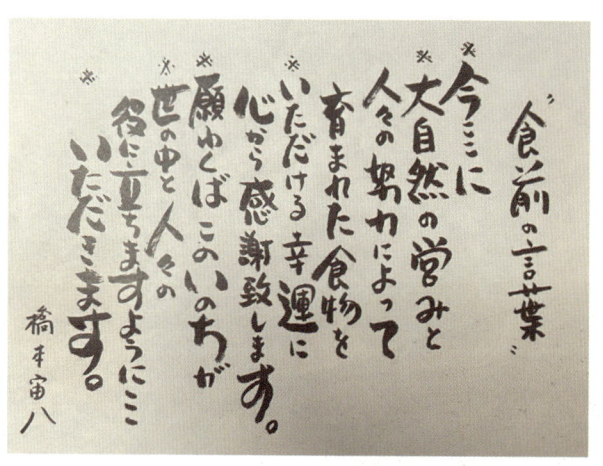

▲ 上：桥本家自创的餐前感谢词，后来沿用到半断食课程中。

▲ 下：课程期间一天唯一的一餐，分量约一般成人份的四分之一，强调每口咀嚼至少两百下。

▶ 食用自然栽种的植物蔬果，等于在自己的生命中重现自然的世界。

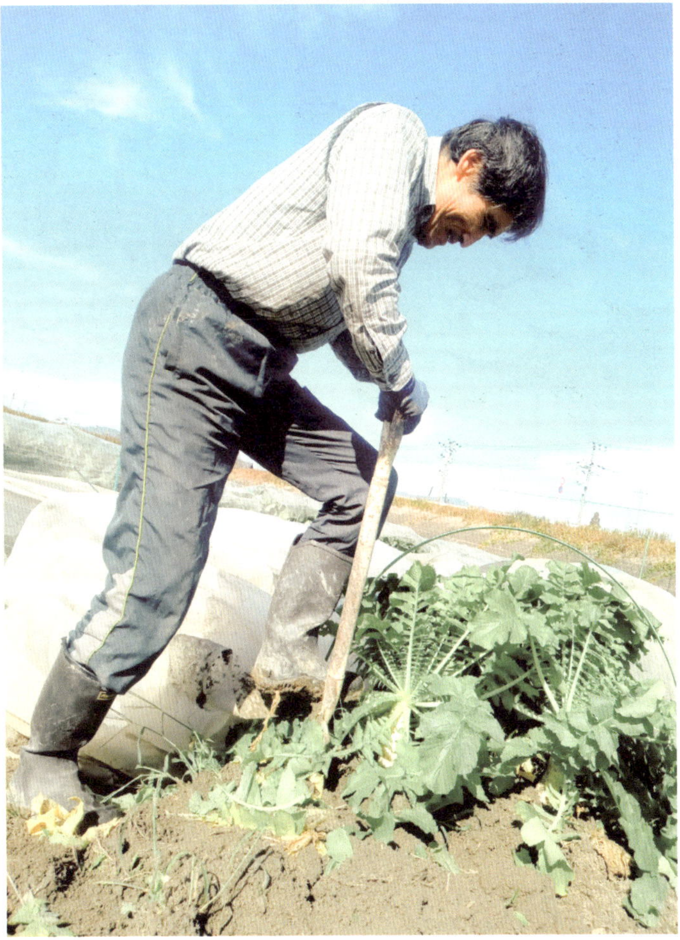

食之道：简单生活中的生命之光

▲ 除了少吃、多咀嚼，半断食课程包含了大量的运动，不仅有清晨七点的早操、下午的瑜伽课，还有每日十三公里的健行。

◀ 上：半断食课程料理由桥本太太设计执行，常以当地当令食材花草入菜。用餐须遵守完全静默、每口咀嚼两百下的规定。

◀ 下：桥本先生带领小型课程，与学员讨论饮食真谛。

第5章 为妻儿亲手盖一个家

▲ 上：3·11震灾后，搬离福岛磐城山上，直到近年在京都郊区觅得一处超过百年的老宅，重新安家办课程。

▲ 下：2019年桥本夫妇受邀到中国开课，摄于扬州蔚圃。

第6章
我们家的『正食』小事业

"食前の言葉"

今ここに
大自然の営みと
人々の働きによって
育まれた食物を
いただける幸運に
心から感謝致します。
願わくばこのいのちが
世の中と人々の
役に立ちますように
いただきます。

橋本宙八

四十年前的日本大众普遍没健康饮食意识,要藉『食』的教育工作维生大不容易。随着我在市区持续办演讲,想到深山拜访我们家的人多了起来,还有人主动要求来我们家寄宿疗养,大批客人不嫌弃狭小寒舍,不断涌进,经常连走廊、厨房都睡满了人。

把家安顿好以后，接下来的课题是，必须更深入研究及实践"食"，并设法以此为事业安身立命。

四十年前的日本，大众普遍没有健康饮食的意识。虽然都市里有几家自然食品店，但生意清冷，提供素食、糙米饭的餐厅也乏人问津。与"食"相关的教育工作，仅止于烹饪教学和少数健康讲座，要藉此维生大不容易。

想来想去，我决定向外宣称自己是专门教授"正食"的老师，看能不能号召人付费来听饮食讲座。但这在东北偏乡，根本行不通。于是，我决定先在市区租个可容纳百人的会场试办看看。

从布置会场、做宣传海报到刊登报纸免费广告，我一人包办。翘首企盼听众满堂的那一天到来，全场却只有七位听众。面对这残酷的现实，我仍倾尽热情，娓娓道来。那是我第一次在公开场合连续讲话两个小时。说不上有任何演讲技巧，我只是诚心诚意地说明饮食如何重要，很庆幸地，热忱似乎传达出去，听众的反应都不错。

汗流浃背地完成演讲后，我与这几位听众约好，往后每月将定期举办一次健康讲座，欢迎他们再来一起切磋成长。我就这样跟自己宣告："从今天开始，我就是正式的'正食'老师！"不管别人是否认可，自己决心这样自我认可。

那时家里已有四个孩子，每日光伙食杂费就是一笔数目。我尽力举办演讲、教授烹饪，知亚季写书卖书，兼售天然手作食品、家常小菜，夫妇俩同心协力为养家勤奋工作。

所幸，我每回演讲都会多找到一两名学员，大约两年后，固定学员已增至三十名左右。尽管收入依旧微薄，但经济总算是稍微稳定下来。

我既无烹饪证照也不懂料理技巧，却还是厚着脸皮教导烹饪。我常在演讲前一日才琢磨好食谱，第二天就以一副老练的姿态赶鸭子上架，实在是厚颜又胡闹的老师。还好，因为知道食物的原理，课程都顺利完成，从不曾出包出糗。可能是课程内容都是我最关心的"食"的问题，我才得以怀抱着绝对的信心吧？

演讲会当日，知亚季会为大家做糙米蔬食便当，当时已上国中的长女也会帮忙制作糙米粥和面包，样样都大受欢迎，拿去自然食品商店寄售，也是迅速销售一空。

总之，至此我们家的"正食"小事业，总算渐渐看到雏形了，全家人每天都干劲十足。

我们家几乎成了热络的养生沙龙

随着我在市区持续举办演讲，想到深山拜访我们家的人渐渐多了起来，还有人主动要求来我们家小住，以便接受饮食调教、疗养身心。不知不觉间，我们家几乎变成了一个热络的健康养生沙龙，还时有客人来共同生活。

我们为访客提供健康咨询、准备餐饮、打扫、烧洗澡水……，此外还要照顾四个小孩，而原本山居生活的日常劳务已多到不行。无论烹饪、洗澡、暖气，木柴都不可或缺，每年将入冬，我们就全家总动员到山里捡木柴，收集回来还得用电锯或斧头劈开。砍柴、割草、修路，这些体力活都落在身为男人的我肩头上。夫妇俩从一早睁开眼就片刻不得闲，一直忙碌到夜晚上了床才能歇口气。

当时，我们家还养了一条狗和几只猫，还有兔子、小马、鸡，都亏孩子们帮忙准备饲料照顾这些动物。一群人与一群动物就这样浑然打成一片，自然地在山林里共生共存。

我始终相信，人生须知的一切，全在日常生活之中。只要是有助于好好生活的事，不管多么艰难、麻烦，我们绝不敷衍了事，因为，生存重要的智慧与技能全在其中。我们一家大小都乐在家事劳动中，真心享受那引领我们成长的丰盛时光。

这样的生活挑战也让知亚季的厨艺突飞猛进，她总能在短时间内就做出满桌好菜，让一大群人都吃得欢喜满足；此外，她对应接小孩访客也特别上手，总能很快就让孩子们开心自在地跟着她跑。

那时有位住在同一村落的年轻母亲，前来请教母乳不足的问题。知亚季正好相反，几乎每天都母乳过剩，她于是一手抱自己的孩子，一手抱别人家的孩子，同时哺乳起来。知亚季让我惊诧不已又肃然起敬，她已悄悄摇身变作一名强韧可靠的神力女超人了！

除讲座与健康咨询，我构思各种充分利用我家自然环境的活动，希望招徕更多学员到访。因而有了春天的"野草品尝会"、夏天的山溪泛舟泛游、山泉冷面野餐、小朋友打西瓜会……，同时也邀请专业人士来办演奏会、野外剧场、电影欣赏。这些回归山林、享受四季节令的活动，非常受到城市年轻夫妇的小家庭欢迎。

入夜后，大家围在篝火边聊育儿经，对独自在偏僻山林里养儿育女的我们来说，是非常享受的时光。我们家的小孩也总跟到访的孩子们玩得不亦乐乎。最盛时期，曾经有超过百名访客从东京租巴士一起前来。看到村里出现一辆辆巴士，村里耆老高兴地说，真高兴临终前还能亲眼看见村子恢复生气蓬勃的景象。

当时我们家只有一栋主屋，大批客人却毫不嫌弃，不断涌进狭小寒舍。我们的房间当然完全不够用，所以经常连走廊、厨房都睡满了人。

刚开始住到乡下时，我曾担心在偏乡僻壤成长，孩子们与人接触的机会变少，岂料我是多虑了，我家孩子竟比一般孩子更常被众人围绕着成长。

我们也积极地参与各地"食"界前辈们举办的健康学园，众多家庭聚在一起几天，热闹哄哄地边玩边学。在这些活动中，有幸与更多人结下善缘，得到许多宝贵的成长机会。

癌症患者深夜排出的宿便

亲眼看到过许多人透过饮食疗法转变身心，这些经验对我来说都非常珍贵。

朋友介绍一位法国男性到我们家。他因喜欢柔道而定居日本，之后与日本女性结婚。黑带四段的他，拥有柔道家的体格、身材魁梧。他太太罹患乳癌，期待以饮食疗法改善病况。因此，他们带着两名学龄前幼儿，一家四口住进我们家。

当时我们还没新建客房，只有一栋主屋，空间很有限，但他们再三诚恳拜托，我们决定让出主卧室给他们。

他和两名孩子与我们一起用餐，他的妻子则开始半断食疗法，很快地出现各种强烈排毒现象。

一般来说，女性常摄取过多含有牛奶、奶油、奶酪等乳制品的甜点，这种饮食倾向易引发焦虑、不安、悲伤、寂寞等情绪，也是导致乳癌的原因。有些人开始排毒时会突然很想哭、躲在房里不想与人交谈，一旦排毒结束，情绪则随之消失。

这位太太气质娴雅文静，看起来是很典型的日本淑女，可是，几天后出现上述自闭症状，神情显然落寞沮丧。两星期后的某一天,她猝然抓狂,对着丈夫吼叫:"我受够了!不想进行下去了!"甚至持刀袭击。

一般而言,这类粗暴言行比较常见于过量摄取动物肉品的男性,他太太的反应让我们都吃了一惊。医学已证实摄取过多甜点可能引起慢性高血糖状态,胰脏自然更加分泌胰岛素来抑制,又导致兴奋性激素涌出,结果就可能出现暴力、愤怒等症状。

还好先生不愧是柔道四段的强者,他总能冷静应对,完美处理。

最初体内毒素以气体、液体等形式排出,到最后排出宿便才算结束排毒现象。

自古以来,东洋即有"宿便乃万病之源"之说,排除宿便对任何疾病的治疗都是关键。所谓宿便,不只是肠内滞留粪便,更包括细胞和脏器内的所有宿毒。

指导者非常在意患者的宿便何时排出,有时要排出深层宿便非常痛苦,加上重病会变得更为紧张。我会一一拍照记录,检视宿便样态,藉此预测病人后续情况。

暴力事件过后几天,我暗自期待的宿便终于在深夜排出。她先生立即来报告,我和知亚季高兴得赶去确认。一进房间,臭气熏天,让知亚季闻了整晚失眠。

翌日清晨,我们悄悄到房间观望。她正端坐在廊上,静静望着我们家小孩挂在屋檐上的晴天娃娃,轻轻哼唱起:"晴天娃娃,晴天娃娃,明天请带来好天气……",与之前狰狞的模样,简直判若两人。

离开时,她觉得身心都舒服许多,我们没追踪她的情况,不太清楚后来如何,只听说他们夫妇仍认真地持续饮食疗法。

用豆腐蔬菜疗愈车祸重伤

我也遇过一个车祸重伤个案。

那是我的一位老朋友,开车撞上电线杆,身受重伤,被救护车送往医院,医生说必须立即手术,他的太太不同意,联络我说想到我家进行自然疗法。原来他平时已跟太太说了,万一自己有伤病则拜托我治疗。

他太太是美国人，夫妇俩长年也是自然疗法的实践者。

虽然很欣慰得到他如此信任，但这么重的伤，单靠饮食自然疗法行吗？我不免犹豫。我有不少治疗轻伤的经验，但对重伤可没把握，于是决定先详细了解伤势再做考虑。

他太太说，他正面撞向电线杆，颅骨两侧有凹陷性骨折。我一听发愁了，就算接受请求，我也不可能去医院进行自然疗法，若送回家，她可能说服医生允准出院吗？

她坚决对医生声明："一切后果由我承担！"既然如此，无论如何我都必须放手一搏。我随即飞奔跳上特急电车，花了五个小时总算抵达他家。

头部缠着纱布的他，意识蒙眬。为了止血，必须将内部积血吸出，我以豆腐彻底冰敷受伤部位，也消解头部的烧热。此外，我想以食疗帮助排出宿便，可能因而恢复意识。我把脱脂棉卷在筷子上、沾点梅酱，一点一点让他含在嘴里舔。很庆幸宿便比预期更快排出，他随即清醒，发现自己头上包着纱布，一时不知发生什么事。

终于翻越一座险山，但未完全脱离险境。我继续以豆腐和蔬菜冷敷，总共用了三百多块豆腐。

期间，警察上门探视，估计是接到医院报告，怀疑有违反医师法的行为，然而，看到我所做的根本称不上医疗行为，观望一下就愕然离开。

十天过后，他顺利恢复到能独自骑脚踏车了，这对他、他太太，以及对一起照顾他的伙伴和我而言，都是很幸运的事。事后回想，不仅是他，我也赌上性命去做治疗。

他太太每天以日记加照片记录治疗过程，后来登在我发行的月刊上。

多数人不相信食物可以治外伤，然而以食疗观点，受伤的原因不一定只是外部问题，甚至可以说，更多情况是当事者内脏痼疾的外显。经常莫名受伤的人应预先警觉到体内可能有问题。

那之后，我还治过几次重伤，不过，都没比这位朋友严重。当然也因为，现代外科手术日新月异，除了自己家人，我也不想铤而走险接案。

这案例能这样成功，还得归功于多个机缘巧合的加持。首先，他们夫妇长年热情实践自然饮食养生，对此本具信心；其次，当时他很年轻，生命力还很旺盛吧！

这次经验让我再次见识到，人体内真的隐藏着不可思议的自我疗愈力。

白血病男孩的出血排毒

樱泽如一曾说："没有技术，则原理无用；没有原理，则技术空洞。"意思是，实行饮食疗法时，理解原理与熟练技术相辅相成。

我希望藉经验进一步研究原理，然后切实提升技术。抱着这样的念头之后，各种机缘竟出现眼前。慢性甲状腺肿大的小孩、思觉失调症的青年、癌症病患……，渐次从四面八方来到我们家。

通过村民介绍,一位母亲带着患白血病的六岁小男孩到来。男孩已长期住院治疗,但病况持续恶化。初次见面时,小男孩的脸因药物而胀得圆肿,也就是俗称的满月脸,看了叫人心疼。当时我们家还有其他患上同样疾病的小孩与母亲,因此她觉得可以放心独留孩子在这里,跟我约好有必要时会马上赶过来。

因为有年龄相近的小孩,这位小男孩很放松地融入,每天在自然环境中自由玩耍。知亚季配合小孩的喜好,为他烹调有助治疗症状的料理,他胃口还不错。

我仔细观察着他,也留意他的排毒现象。大约过了十天的某个傍晚,小男孩开始流鼻血。普通流鼻血只要吃些芝麻盐,很快即可止血,白血病患者常有难以止血的问题,虽血量不大,但若时间拉长,也有严重贫血的危险。

鼻血积在喉咙深处,小男孩最初吐出几口,后来变成吐不出来。万一出血量增加,血液凝固、阻塞气道,则情况不妙。我从身后抱住小男孩,用筷子卷卫生纸吸拭他口鼻中的血液,沾血的卫生纸顷刻就积了一大堆。我从未经历过这样的排毒现象,老实说,当下我开始有点担忧,所幸那小男孩不慌乱也没哭闹,只是平静地任我为他拭血,还说想去尿尿,甚至喊肚子饿了。小男孩坐在小尿桶上,一边流鼻血、一边津津有味地吃着我们特制的"糙米粥面包"。这款面包除了糙米,还加入大量各色蔬菜。

我因此进一步确认这是一种好转反应,但傍晚开始的出血,虽血量慢慢减少,一直到晚上仍未完全止住,我实在不能放心。

面对这种极端症状,止血法除芝麻盐外,还有传统汉方"血余炭"。

自古头发亦称"血余",意思是,血衰则发枯,发乃血之余。血余炭是用素烧壶长时间炭化健康者的头发,再研磨成粉,用糯米纸包装,以备饮用。我日常收集我们家小孩剪下的头发,准备了一些血余炭。

于是我决定试用血余炭。我让他分两次喝,每次一小匙,再静观其变。很高兴当晚不但顺利止血,小男孩坐在尿桶上还一边排尿一边排便,排出极恶臭的宿便，我一看，顿时放下心中巨石。

深夜时分，小男孩累得在我怀里闭上双眼睡着了，我马上联系他母亲。母亲飞车赶到，一进门看到我抱着小男孩，旁边有一堆沾血的卫生纸，她立即呕吐、崩溃倒地。她表示要带孩子回医院输血、检查，便带着孩子离开了。

几天过后，她收到医院的检查报告，小男孩的白血球数值奇迹般地回复正常，医生想不透原因究竟为何。

原因不过是那十天中，我精挑细选对他身体有益的食材，用心烹调，让他欢欢喜喜吃下，如此而已，其余靠的都是小男孩自己身体的力量。莫小看六岁小孩，他们内在一样有无比强大的天然疗愈力。

樱泽如一也曾说："若非以饮食治愈千人的病，我将不知何谓'食'、何谓人的生命。"当初读到这段话时，我想也要效法实践，以帮助千人疗愈为目标，没想到在不知不觉中，我已透过"食"与近万人结缘。

"阴阳一日，食养三年，无双原理乃毕生！"樱泽如一这话直指，一天即可学会辨识食物阴阳性质，但靠食物回复原本健康要三年，而通达此唯一真理，则须用毕生去参透。确实，我自觉长久亲身实践正食以来，拥有相当健康的身体，然而，在治病方面，虽然人数成千上万，可是到底有多少是彻底治愈？我不敢断言。

樱泽如一说过："疾病可治好，病人治不好。"我感同身受。改善疾病的症状不难，但改变病人则相当困难。毕竟，饮食疗法直接碰触到人类最根本、最深切的欲望——食欲。要修正一个人导致疾病的错误食欲，还得改变那背后的价值观与世界观。这谈何容易？

年过古稀，更明白老师说的"无双原理乃毕生"，"食"之道越探究越深广，似永无止境，至今我不过像是刚学步的幼稚孩童吧！

第7章
一切学习尽在日常生活中

"食前の言葉"

今ここに
自然の営みと
人々の努力によって
育まれた食物を
いただける幸運に
心から感謝致します。
願わくばこのいのちが
世の中と人々の
役に立ちますように
いただきます。

橋本宙八

住在杳无人烟的深山,
又靠自力分娩、不吃药、不看医生,
这生活方式在一般人眼里有点惊世骇俗,
但对我们来说却很平常,
不过是与大自然共生共存的最低基础。
我们活在自家小小世界中,
不自觉忘了自己可能被隔绝在红尘边缘。

长子出生两年后,次女在新家出生了。

当时我正在照顾突然生病的邻居小孩,比起自己家即将到来的新生儿,我更忙于处理邻居的孩子。

对此,知亚季也微笑默许,一来她很尊重我的工作,二来她对分娩充满自信,游刃有余。不过,这次我有在旁守候出生的关键瞬间。次女顺利出生,堪称完美的安产。

这样出生的次女,后来也长成了很懂得享受生活、快乐的姑娘。次女让我对"出生方式是成长方式的微妙象征"若有所悟,也让我更加确信,尽可能在母子都感到安心自在的环境中分娩,对生命的发展极为重要。

胎儿知道母亲身心发生的一切

若问我们家的生产与别人家有何不同，那就是，在昨天今天明天持续不变的生活中，家里突然多一名新生儿，如此稀松平常。

而我们的下一个孩子——三女诞生时，我们家正有多名病人来长期寄住。照顾这几位病人比照顾家人耗时费力许多，知亚季也得一边养育孩子，一边照顾病人的生活饮食起居，体力常在透支状态。

会来到我们家的病人大多是药石罔效的重症患者，照顾他们往往还得处理他们的种种幽暗心绪，压力极为沉重。当然，这也给知亚季造成很大的负担。在这样的状况下熬过整个妊娠期而出生的三女，相对于兄姊们，自幼心灵就非常敏感、纤细。

当时，母亲与我们同住，总是默默在旁帮忙，其他同住访客也关切孩子的出生。就在我、母亲、六岁长女、四岁长男、两岁次女，还有多名同住者的守护下，三女平安出生。她的脸庞晶莹剔透，神情安详宁静，我一看直觉得宛如观音菩萨翩然降临。但三女与生俱有一些其他孩子没有的问题，例如经常为不明原因的头痛与晕眩所苦。

这究竟是为什么？尝试以各种饮食调养之余，我们长年观察寻思，认为最可能的原因是，知亚季孕期内身心压力过大。还好三女平安长大成人，已靠自己的努力克服过来，与生俱来的困难更培育出她独特的灵敏温柔。

多年前有一本名为《胎儿革命——胎儿什么都知道》的书，以科学观点阐述，胎儿其实知道母亲身心中发生的一切。自古以来，东洋传统就很看重"胎教"，现代人恐怕都低估了孕期对新生儿人生的影响。

从三女的诞生，我们又学到一课。

我们的最后一个孩子出生时，知亚季再度经历了与长子出生时一样的独自分娩。

由于对预产期有一定程度的掌握，我还是按计划带八岁的长女和六岁的长男到美国参加两星期的"正食"会议。

尽早让孩子到国外见识，是我从以前就有的梦想，不过，后来想想，这对稚龄的孩子来说其实为时过早。一如往常，我是个太过急进的父亲、太过粗心的丈夫。就这样，当我们出远门时，第五个孩子——次男出生了，我再度缺席，让知亚季独自承担一切。

结束旅程回到家中，家里又多了一名孩子。面对再次原谅我这个无用丈夫的知亚季和孩子，我充满歉意与谢意。

在这样的状况下出生的次子，比谁都不受父亲干涉。他总有兄姊守护照顾，每天在大自然里尽情玩耍，仿佛天生天养，父母不劳操烦到都忘记他是怎样长大的。

很巧地，我们两个儿子都由知亚季独自分娩，我刚好都不在家。这究竟有什么深义？是大自然特别期许男孩勇敢独立、好长成强韧男子的一种试炼吗？

知亚季再次独自面对生产，进入我完全无法理解的生命体验，成了我望尘莫及的坚强伟大的生命典型。

与北海道阿伊努族产婆一期一会

为了在家分娩，我们勤做功课，大量阅读相关书籍，包括日本山地原住民"山窝族"、北海道阿伊努族的生产经验知识。期间，知亚季特别心仪阿伊努产婆青木爱子女士（俗称爱子婆婆）口述著作《传承的智慧》，甚至渴望去拜见求教。

那是我们迎接第五名孩子后不久的时候，知亚季经历了特殊的分娩体验，无人能分享那份感动，所以很希望能和爱子婆婆聊一聊吧？我也极有兴趣，所以鼓励知亚季给爱子婆婆写信，约好时间前去拜访。

我们带着褴褓中的次男，三人一起前往北海道。北海道是我的第二故乡，阿伊努文化也是从小耳濡目染，我带着返乡心情，愉快地搭船又搭火车前往爱子婆婆家。

爱子婆婆独居在十分简朴的小屋里。面对远道而来的我们，她像对自己子女般亲切地说："来了就好，我正等着你们呢！"

她的眼睛又大又亮，我从未见过那样深邃的目光，仿佛能一眼透视芸芸众生。我们停留了大约两个小时，生产的话题聊得不多，主要谈论人生的生活方式，末尾她一语道破天机似的对我们说："你们不会大富大贵，不过，三餐温饱倒是无须担心。"

印象特别深刻的是，她说成为阿伊努产婆的条件是"在森林出生、成长的人"。产婆目睹生命诞生之一瞬，是最初接触到新生命的人，"在森林中出生成长才能好好聆听自然之声与生命之声"。我十分认同这样的说法。

阿伊努产婆对阿伊努人而言，可能就像引人看见未知世界的神秘巫师吧？

临别之际，爱子婆婆问："你们知道自己在做什么吧？"我们不约而同立即应声："是的！"以此坚定的语气回答她铿锵有力的提问。

遗憾的是，翌年爱子婆婆与世长辞，享年八十一岁。

对知亚季而言，与爱子婆婆一期一会，必然给了她身为女性很大的力量加持，而对身为男性的我来说，那也是毕生难忘的宝贵经验。

人类能藉食物自由创造命运

在杳无人烟的山中生活，又靠自力分娩、靠饮食治病，这在一般人眼里是特立独行，甚至有点惊世骇俗的生活方式，但对我们来说却很平常，不过是与自然共生共存的最低基础。

我们夫妇俩都是普通人，并无特别的才华与能力，在育儿方面也都是笨拙地从零开始摸索。唯一与其他父母不同之处，那或可说是我们夫妇都对"食"的奥秘充满敬意，完全相信"病从口入"，病必定也能从"食"排除。

古日本把新生婴儿算作一岁，因为生命在将近一年前即在母亲体内开始。根据现代胚胎学，胎儿在母体中的经历约莫等于地球诞生至今三十八亿年的生物进化过程。诞生前在母亲体内"三十八亿年"，诞生后最长不过百余年，时间之差距简直"不可同日而语"。由此看来，人的"一生"绝大多数时间是在母胎内，藉由母亲摄取的食物来获得营养。

从这角度看，可见母亲孕期的食物对胎儿的生命何等重要，日文"宿命"一词，即可解释为"寄宿母亲子宫时期摄取的食物所创造的生命"。

母亲孕期中失去食欲又呕吐的"害喜"现象，其实非常耐人寻味，只要体验过一次半断食，人人都能对害喜现象有所领悟。

孕妇害喜跟半断食的排毒现象根本是相同的，害喜是母体为了育胎而自动进行的环境排毒净化，也是胎儿成长进化过程间的"蜕变脱皮"现象。

害喜通常出现在怀孕第五到十六周之间，这时期胎儿究竟进化为怎样的生物？从单细胞到多细胞还是从鱼类到爬虫类？我对探索这些自然现象的兴趣无穷无尽。

另一个跟"宿命"意思相近的词汇是"命运"。"命运"顾名思义就是"运送生命"。我们以什么运送生命？不用说，人人都靠进食，一天天地将生命"运送"到明日。随着自己选择的食物，运送向不同的人生道路，即是"命运"。

选择正确的食物，理所当然地"宿命"好、"命运"也好，那是健康、自由、幸福的一生；反之则不然。"宿命"承继自父母，"命运"则由自己创造。

人类因口腹之欲，什么都敢吃。人类的食物选择远远比其他动物庞杂，可以说人类是特别能够多元化自由选择食物的动物。若说人类与其他动物的差别即在"人类能藉食物自由创造命运"，其实也毫不夸张。

我很幸运地在领悟了"食"的秘密之后，命运有了一百八十度改变。我以食物守护自己与家人的健康，也以此照顾他人的健康，并因而有余力关怀世界上更多的人与事。

不吃药不看医生的育儿法

我们生长在日本高度成长期时代，和一般人一样，在发育时期也曾吃下无数含化学添加物的无益食物，我们不希望下一代重蹈覆辙，所以坚持要给孩子安心、安全的天然食物。

我们自己种植蔬菜，也透过邮购取得各地优质食材。还有，尽可能不让孩子吃肉类、鱼类、蛋奶制品等动物性食品。生命仰赖食物滋养身体、培育心灵，我们希望不吃动物、避免杀生的孩子，能长成比父母更健全、温柔的人。

深山村落没便利商店也没餐厅、自动贩卖机，正好给孩子们相对干扰较少的食育环境。孩子们在国中毕业，离家自立前，可说近乎完美地照"正食"理想养育长大。

我们也几乎不吃药、不去看医生。孩子成长过程难免会感冒、受伤，或遭遇其他意外，我们希望在孩子需要帮助时，第一个赶到孩子身边陪伴，只以食物、自然疗法帮助孩子恢复健康。结果，我们的孩子都平安顺利长大，这让我们得到莫大的信心，孩子们也对父母产生很深的信赖感。这点是我们夫妇颇为自豪的。

对治病痛的方法一直都只是食物，这也让孩子自然而然懂得用心对待饮食。

可以说我们在育儿方面唯一执着"食"这件事，一心一意为养育健康的子女而努力。

近年社会上有许多家庭的亲子关系不睦，我认为原因大多来自父母对饮食的漠不关心和无知。这真是非常遗憾的现况。其实正确的饮食可以培养健康懂事的孩子，父母不必操心焦虑自然能宽宏和蔼，轻松育儿是可能的。我们以自己的亲身经验，希望给人这样的信心。

我发觉对第一个孩子，通常父母在各方面都难免过度干涉，而到了第二、第三个孩子以后，兄弟姊妹间的关系甚至比跟父母还亲密，就算父母不在，他们也能自己玩乐。

我们能拥有五个孩子，实在非常幸运。表面上是父母在教育孩子，但其实孩子同时也在教育父母。五个孩子各以不同的方式教育了我这个父亲，我打从心底感谢他们。

我自身是三姊妹中唯一的男孩，当时旧社会普遍重男轻女,男孩都在父母过多的关注下长大,这让我经常反省对待儿子是否忘失平衡?我的人生继承了父母的苦乐,不希望自己在无意识下也让孩子背负了重担。

若说世间没比育儿更重要的工作,这一点也不夸张。透过育儿,将人类代代相传的智慧交棒给下一代。女性承担着孕育生产宝贵生命的重任,男性则负责创造更好的环境,让下一代生命能健康、自由、快乐地成长。

这是人类生存的重要任务,也是育儿的神圣本质。

以母乳哺育且不用尿布

在磐城深山里与病患混住的生活,日日充满挑战与学习,让我在指导半断食自然疗法方面,有了更大的信心。然而,如今回想,对当时的家人来说,那样的生活其实相当不易。

除了我与知亚季工作太忙碌之外,孩子们肯定也有某些不同的压力。我隐隐感受到危机,恐怕这样下去,全家人都要崩溃。那样高压的日子还能平安维持上几年，想必是因为那片美好的自然环境。

我们家被森林环抱，空气清新，四季美景流转，还有清澈的溪流池塘，与大自然无数动植物和谐共处。夜里围在篝火边，全家躺卧大地瞭望星空。是这一切适时疗愈了我们的身心吧？

我们家很看重全家一起用餐。虽然吃的都是极简单的五谷蔬菜，但孩子们总大快朵颐。他们一个个长到两岁左右，都爱模仿母亲下厨做菜，所以从小就习惯依各自能力帮忙准备三餐，女儿们上了国中，就能代替母亲掌厨了。访客们总称赞长女像个能干可爱的小妈咪。

我们家五个孩子都是喝母奶长大的，而且从不用纸尿裤，甚至连尿布也少用。知亚季这位了不起的母亲以相当大的决心坚持自然育儿，连"无尿布"也不放弃挑战。她以母亲灵敏的直觉，准确接收婴儿想要排泄的讯息，神奇地与孩子"合作无间"。

相较于父亲，以母乳哺育、不用尿布的孩子们，从小跟母亲的关系更是亲密深远。这是知亚季伟大的成就。

我们的自然育儿法到了次子，也就是第五名幺儿，更是近乎"野放"。知亚季不但完全不用尿布，两岁以前还任他赤身裸体。因为她听说在天寒地冻的西伯利亚，有些父母就是这样培育孩子的体能；樱泽如一也说过让孩子体验饥寒是非常重要的。虽然知亚季的提议让我一时吃惊，但那理念我是非常认同的。

仔细回想我们和父母那一辈，都是饥寒交迫熬过来的，我们不都因此而更坚强？

我们家海拔有五百公尺，冬天低温又积雪，次子不论在室内室外都赤裸裸，其他穿着衣服的孩子对此早习以为常，没觉得有什么关系，出入的访客们似乎也不太在意，仿佛他的赤裸是天经地义。

次子就这样如野生动物般在山里长大，一直到两岁左右开始跟家人一起进城，才渐渐穿起衣服。长大成人的他确实活力充沛，贯彻着无拘无束的自由生活，并且感情丰富、善解人意。

山村里的小学分校

村子里有一所城区小学的分校,从家里沿田畦步行约五分钟,孩子们都在那上学。村里只有几名儿童,同学们每天都如同兄弟姊妹般一起玩耍。有时放学后,全校学生都跑来我们家,玩到吃过晚餐才回家。

我曾在自己发行的月刊通讯上描述这所学校的点滴,结果吸引三名东京小孩想来山村留学,要求准许暂住我家。曾经全校只八名学生,其中五名是从我们

▲ 山里已废弃的小学分校(2023年摄)

家去，几乎成了我们家的专属私小了。学校有三名教师，都是带着服务偏乡的理想远道而来，每一位都充满热忱。冬天师生一起把脚伸进被炉桌围着上课，夏天一起到河里钓鱼，师生仿佛一家人般亲密。

这所学校也跟普通学校一样提供营养午餐。我们吃素，所以每天自带便当上学。包括三位东京小孩在内，带便当上学的竟比吃营养午餐的学生多。

到了国中和高中，孩子们各自在完全不同的教育环境下成长。

长女只上了小学一年级的一个学期，自己就决定改在家自学，直到六年级时再去上了一年，小学毕业后进入镇上的国中，但也是只念了一学期就决定休学，理由是不喜欢只为了竞争而学习和运动。

长子从小学到高中，都跟当地孩子上同所学校，他对父母贯彻与众不同的生活方式，渐渐有了不同的意见。

次女、三女、次男，从当地小学、国中毕业后，跟随长女也到澳洲念高中。随后，依各自志愿选择专门学校或大学。

身为父母的我们，也总是边育儿边摸索学习，一路走来，需要反省之处应是不胜枚举吧？

与嬉皮风移民结为山居伙伴

我们居住的村落是连名称都没有的偏僻小村落。连我自己也觉得匪夷所思，怎么会喜欢住在如此不便之处？

这个村落是战后东北地区常见的开垦地，当时从村外迁入的移居者，包括我们家只有三户，其他村民都有亲属关系。这类村落基本上相当封闭，外来者难以融入，有居民就因受不了这样的氛围而搬走。我们也花了相当长的时间，才与村民渐渐熟络。

那时我们与邻村同世代的移居者们更常往来。他们是想与社会保持距离、追求自由生活的年轻嬉皮。我们气味相投，无所不谈，彼此的孩子也自然玩在一起。

我们在小村最初落脚租用的废弃老屋，在我们入住前,也租给几名男女嬉皮。他们不分男女都赤身在河里戏水,在田里锄地的长发男子仅穿着一条红内裤,其狂野连同辈的我们见了也称奇,村里长辈想必更加瞠目结舌。

相对于他们,我们家的衣着打扮和生活方式都显得极为普通,然而,实际上,我们亲手拓荒、独力造房、在家分娩、全家大小彻底贯彻素食、不看医生不吃药、有的孩子也不上学,这恐怕比嬉皮更嬉皮吧?

总而言之,明显与大众过着不同生活的我们,某个角度来看,也可说活在自己的小小世界中,不自觉忘了自己可能是被隔绝在红尘边缘的人。那些移住乡野的朋友们都性格鲜明、崇尚自由,还拥有在大自然中讨生活的韧性,他们对我们来说很重要,是他们的友谊交流让我们的生活更加多彩多姿。

第8章 从『食之道』接连社会关怀

"食前の言葉"

今ここに
自然の営みと
人々の努力によって
育まれた食物を
いただける幸運に
心から感謝致します。
願わくばこのいのちが
世の中と人々の
名に立ちますように
いただきます。

橋本宙八

响应国际寄宿家庭运动与举办儿童生命节,
这两个我毫无经验的大活动,居然同时构思、进行,
怎么想都是天方夜谭,
然而,都顺利成功了。
昔日那个自卑少年,与『食』世界相遇后,
已摇身变作连自己都不敢置信的超级乐观行动派!

移居深山后，为连结志同道合的伙伴，我开始撰写日常生活杂记，编辑成自己的月刊通讯。

这份通讯的发行作业，通常在夜里与孩子们一起进行。只是复印、装进信封、用胶水黏好的单纯作业，孩子们把这项跟父母一起进行的工作当作新游戏，总是欢欢喜喜地帮忙。

多亏这份通讯，远居偏乡的我们才得以把触角拓展到日本各地，这让山居的日子保持活力蓬勃。

此外，我每周还会进城一次，收集一些新信息也顺便处理杂务。

有一次听说有一个特别的切尔诺贝利摄影展，就随意过去看看。

展场内有张照片让我目不转睛，画面是切尔诺贝利核灾事故后，某个房间的角落遗留着一个小孩玩偶，主人一家已仓皇远走他乡、生死不明。

这是一直为养家奔波的我，第一次那样怜惜天下的孩子，也更感到我们家孩子每天在大自然中悠游自在是多么有福。

我最初决心以弘扬"食之道"为志业，是抱着希望众生都能透过饮食变得健康、幸福、自由的大愿。看到这张照片，我才发现自己在不知不觉中把这个大愿遗忘了，成天只为自家生活忙碌。我为自己的渺小无能感到汗颜，把这惭愧的心情都写在通讯上。

几天后，我收到一封来自某大学教授的信。他说他对我的文章很有共鸣，邀我一同前往即将在白俄罗斯首都明斯克举办的援助儿童国际会议，请我以自身实践和研究"食"的立场参与座谈。

访查白俄罗斯核灾村庄

读这封信时，我脑中立即浮现传奇医生秋月辰一郎。传奇发生在继广岛之后被投下原子弹的长崎，这位医生所在的医院离核爆中心两公里范围内，院中病人却无人患原爆症，全都平安幸存。

他是研究放射学的医生，曾将经历原爆的体验写成《死之同心圆》一书，强调仅仅靠选择正确食物即可避免原爆症。这本书在战后被译成多国语言。我非常想将这些讯息传递给核事故受害者，也想在国际会议上提案。

我们经德国前往白俄罗斯。我把握十分钟发言时间，把"自然饮食对核事故受害者之重要性"这讯息传达出去。会后，我与教授勘查白俄罗斯各地核事故受灾情况，所到之处都备受欢迎。当时白俄罗斯政府并未如实公开受灾情况，国民都渴望透过外国访客让世界知道真相。

我们拜访某个三餐难以为继的贫民村，村民收集了各家各户的食物来款待我们，在伏特加杯觥交错下，还为欢迎我们跳起俄罗斯传统舞蹈。

我难以理解为什么村民还能如此载歌载舞？虽然自觉这个问题有点失礼，仍忍不住请教一位村民。他的回复让我震惊不已，至今难忘。

他淡淡一笑说："因为我们只剩绝望！"

在某间医院里，我们看到因辐射影响而停止发育的孩子，七岁大的身体怎么看都只有三岁；也看到泡在试管福尔马林中来不及出生的可怜胎儿。处处都是对悲惨核灾的强烈控诉。

清晨的村庄教堂，村民聚在一起为受污染的家园祈祷。我们推开大门悄声步入，那祈祷的身影与声音庄严肃穆，又散放着无比安详笃定的能量。

这次旅行是一趟重新自我检视之旅，再次唤醒我去思考自己对社会的责任，也更期许能透过分享"半断食"为世界和平略尽绵薄之力。

当时完全无法想象的是，几年之后，核事故会降临日本，而且就降临在我们家福岛。

参加切尔诺贝利儿童寄养家庭运动

因此会议之缘，翌年夏天我们参加了国际援助核灾受害儿童的"切尔诺贝利儿童寄养家庭运动"。

我们招待五名九岁至十岁的儿童，到我们家寄宿一个月。我衷心希望可以透过饮食，帮助他们改善身心状况。

但我们得帮这些孩子准备机票，种种相关开销根本不是清贫的我们能负荷的，因此我请友人帮助，也在媒体公开募款、征召义工。

当时福岛已有多所核能发电厂，被喻为日本"核能的银座"。我们的村子离核电厂不远，所以大家更关注核灾事故。在我们呼吁下，资金与支援小组很快到齐了，1993年夏天，五个孩子从迢迢七千公里外顺利来到日本。

我开车到成田机场接机。长途跋涉的孩子们个个脸色苍白、惴惴不安。

我们一家大小八口，加上五名切尔诺贝利的孩子、一名随行翻译，总共十四人的一个月共同生活由此开始。当地媒体多次来报道孩子们的生活情况，更多日本人因此知道核灾问题，这也是我们参与这项活动的目的之一。

这些孩子都来自偏僻小村，之后我曾去探访他们的故乡，印象仿佛是日本百年前的乡村。

对这些孩子们来说，日本各方面都远比故乡繁荣，满街高楼、华服美食、七彩霓虹，恍若奇幻仙境，他们无论到哪都惊叹连连，第一次看到大海，甚至兴奋得手舞足蹈。

一个月寄宿期间特别有意思的是，饮食的变化。

切尔诺贝利地区以肉食为主，为了让他们吃得自在满足，我们尽可能配合烹调佐以大量时蔬的肉类料理。餐桌上，一边是我们的家常素食，一边是他们的特别料理。对我们家孩子来说，他们的肉、蛋、香肠、牛奶、奶酪、奶油，过去多只在绘本故事出现，孩子们都对彼此的食物好奇地睁大眼睛。

当时长女已十四岁，是大家的小姊姊，每天帮妈妈用那些自己不曾吃过的食材准备三餐。过了不久，起初对素食兴趣缺缺的他们，开始把手伸向我们这边的料理，大概过了两个星期，他们自然而然地也吃起糙米、味噌汤、乌龙面，渐渐地也不大吃肉了。我们从没勉强或怂恿他们，也许他们只是以为我们的家常菜就等于日本料理，因而有兴趣也说不定，但他们真的自然吃起素食。孩子们的味觉非常诚实，我很惊讶也很欣喜。

他们在日本一个月，每天都在义工守护下到处游览，接受满满的温暖善意。记得在白俄罗斯的国际会议上，有专家说只要在安全安心的自然环境中生活，孩子们就可恢复八成健康，看着这群孩子的变化，真觉得所言不虚。

行程结束后，我们全家一起到成田机场送机。差不多开始有点想家的他们，一方面为踏上归途而开心，另一方面却因离别而伤心落泪，我们家孩子也跟着哭了。想到他们将回到灾区，我们夫妇俩也不禁热泪盈眶。

从他们身上我们学到，公益活动绝非单是施予方的奉献，我们从他们身上学到的可能更多，也得到许多喜悦。特别是，我还见证到，安全安心的自然饮食超越国界藩篱。

创办"儿童生命与生活节"

在我们家,从取暖、烧洗澡水到下厨做饭,基本上都使用木柴,偶尔才用瓦斯,瓦斯费用太高昂了。因此,我们常在山林间捡拾细柴杂枝。

我们家大约一个棒球场大小,为维持整洁,光除草就得耗费好几天。

还有暴雨后道路常常崩坏,必须及时抢修;寒冬中则处处积雪,每天还得铲雪。另外还有一堆生活工具需要修缮管理。

山居生活不是旁观者以为的那样清闲悠哉,我们每天都忙得不可开交。

除了以上劳力活,我也必须维持一家生计。我认真思索什么样的工作能配合我们家生活实况,又发挥我对"食"的志趣?结果脑海浮现的是,何不把在家试办过的半断食疗养,正式变成工作呢?如果每月定期举办一次为期七天的半断食课程,所得可以支付全家大小一个月的开销吧?

若是这样，就得有另一栋提供学员住宿的建筑才行，而且要有两层楼才够用。但这样的建物规模，靠我一个门外汉绝对不可能完成，而且，我们根本没资金。

尽管八字都还没一撇，我再次不顾一切，一头就栽下去开始推演施工程序。那正是我们招待切尔诺贝利孩子共住的时期，也是正计划要在附近牧场举办儿童专属"生命与生活节"的时候。

我也拿这样莽撞的自己没办法，只能苦笑自嘲，因为每天吃糙米，果然变得勇敢无比！

我们埋头山林专注育儿的时代，是日本和全世界都在大战后激烈转变重生的时代。1988年夏天，积极回应时代风潮的一群年轻人在长野县举办了"生命节"，我们带着孩子去参加。

会场在长野县富士见滑雪场，群众带着帐篷来参加，有前瞻未来的演讲会、座谈会、音乐会，还有热闹的摊贩市集。在共同生活的一星期里，彼此互相阐述理想生活目标，参与者多达七千多人，盛况空前。

在那之后，与会者返回全国各地，纷纷成为检讨日本环境问题且倡议新生活的先驱者。

参加生命节之后，我一直想举办在地儿童版"生命节"。我认为以儿童为主角、以生活为主题的聚会，在当时是非常必要的。我们很快在村子附近找到理想场地，那是一片广阔草坪，村民昔日的牧场。

我定名为"儿童生命与生活节"，计划为期五天的野外活动。向各领域朋友说明这个构想后，幸运得到很多共鸣，活动顺利展开。

我们在会场搭起帐篷，举办文化讲座、音乐会以及其他各种才艺表演会，还有聚集三十摊贩卖自然食品、无农药小农蔬果的露天市集。

当时寄宿我们家的切尔诺贝利小孩也参加了生命节。其实，这是我的秘密策略。我期望切尔诺贝利儿童与日本孩子的相遇，向大家展现未来地球一家的生活样貌。

儿童生命节圆满落幕，皆大欢喜。总计两千多名大人和小孩共襄盛举。

翌年，为了探望那几位切尔诺贝利小朋友，我再次前往白俄罗斯。那一年夏天，又招待了另四名儿童来我们家。

响应国际寄宿家庭运动与举办儿童生命节，这两个我毫无经验的大活动，居然同时构思、同时进行，这怎么想都是天方夜谭，然而，居然都顺利成功了。昔日那个自卑少年，与"食"世界相遇后，已摇身变作连自己都不敢置信的超级乐观行动派！

放手让孩子独立离家

在为建造学员宿舍伤神之际，经由友人协助，我们获得当地银行许可贷款，梦想已久的客房终于得以一步步落实。

宿舍建好后，参加半断食课程的学员一年年增加。之后，整整三十年，我贯彻初衷，持续在这里办课程。

"半断食"一词，当时在"正食"领域已经存在，不过，只在饮食疗法中偶尔使用，并非一个完整具体的课程。长年带课经验和形形色色学员的反馈，对我来说，好比都在不断细细琢磨一块神秘的宝石，到现在，这宝石仍常从我未知的角度发射光芒，让我油生虔敬之情。

看到学员们欢喜满载而归，还有人奉我们简陋的山居为自己"生命的故乡"，

我们夫妇俩当年背水一战来到这山野历尽千辛，俨然有了特别的意义。

奈何世事无常、命运不可思议，在送别切尔诺贝利灾童十八年后，日本因东北大地震引发被称作"切尔诺贝利第二"的核灾事故，我们家也首当其冲。我们不得不离开这片神明赐予的天地，也是我们用青春血汗、胼手胝足打造的家园，以及半断食课程重要的修行基地。

在我长远的事业计划终于步上轨道之际，我们家孩子也一个接一个独立离家。最初离家的是长女，她国中毕业后，选择去澳洲上高中。她从小最爱看以辽阔牧场为背景的澳洲动画片，向往跟故事女主角一样，

天宽地阔、自由坚强地生活。

我总遗憾自己英语不够好，从孩子出生就希望他们都擅长英语。孩子想去英语系国家留学，我们觉得不错。但当时我们与澳洲毫无渊源，多方打听，与一位住在悉尼的日本女士连上了线。我即刻带女儿飞澳洲与他们见面。那女士与一位澳洲男性是对年轻夫妇，他们家也有小孩。在他们热心协助下，长女进入一所华德福教育体系学校，学生人数少，充满家庭气氛，而且又幸运地在学校附近找到很好的寄宿家庭。

女儿生长于福岛偏乡深山里、没怎么上过学，不会说也不会写英语，女儿的留学生活想必相当辛苦。把女儿独留于他乡异地，在返航班机的一万公尺高空上，我心痛得泪如泉涌。之后我才听说，目送女儿离家后，想到女儿此后孤身在外之苦，她妈妈更哭了三天三夜。

勇敢的长女顺利从这所高中毕业后，选择回日本上大学，大学毕业后再次回到澳洲悉尼读研究所。从小在家自学不爱上学的长女，长大竟变成一个这么爱学习的人！

在长女之后，其他四个孩子也选择自己的道路。虽然不确定他们是否参考了父母的意向，不过他们都按照自己的意愿，自由选择了升学的道路。

我总认为，所谓育儿，不是父母单方面养育儿女，其实也是儿女在教育父母。不用说，儿女是父母的至宝，然而在该放手的时候，不得不放手。

儿女离家独立，也是老天让父母成长的试炼。

第9章 领我看见世界的老师

"食前の言葉"

今ここに自然の営みと
人々の働きによって
育まれた食物を
いただける幸運に
心から感謝致します。
願わくばこのいのちが
世の中と人々の
役に立ちますように
いただきます。

橋本宙八

为宣传课程,我在东京以『Macrobian』为名设立了办公室。

但没什么生意头脑的我,每月都怕付不出房租、薪水,两年后开始暗自怀疑这终究是个不自量力的妄想。

然而,在这期间,很荣幸与多位卓越热诚的大智慧人格者结下善缘。

宿舍落成后，终于有条件可以每月举办半断食课程。不过，最初每次课程只有两三人参加。这样的收入无法支付我们建屋的银行借贷利息，因此我考虑主动去东京举办"食"的活动，以便宣传课程。

　　首先，得在东京设个据点作联络窗口。

　　父亲在故乡有一块土地，因为家族上下都没回乡的打算，所以我决定卖地筹措东京办公室租金。最后租到世田谷区两间透天厝，离东京正食中心不远。我雇用三名在东京认识的年轻人，一起处理通讯发行，策办健康讲座、料理课程、健康咨询等。整体活动名称定作"Macrobian"，这是其中一位同事的创意，意指"正食"（Macrobiotic）的实践者。这名称后来成为我工作的商标，越来越广为人知。

有一次樱泽老师的弟子——长年在比利时推广"正食"的吉见克林姆先生告诉我,自希腊时代即存在半断食,更吃惊的是,"Macrobian"也是从希腊时代即存在的词汇,是一个传说里远古部族的名称。

年轻同事个个才华横溢,我也很高兴可以在东京这个梦想舞台发挥志趣,每天全心全意投入工作。然而,没什么生意头脑的我,要在高消费的大都会展开活动,每个月都怕收入不够付房租、薪水等种种开销,心理负担极重。持续两年左右,开始暗自怀疑跑到东京设点,是否只因为仰慕樱泽如一,也想跟他做一样的事、成为像他那样的导师,而这终究是个不自量力的美丽妄想?

全球"共同体"研究学者草刈善造

比较踏实的成果是,每月通讯在东京开拓了不少读者,发行量约有千份。托这份通讯的福,我得以与许多能人智者结缘。例如北海道大学名誉教授草刈善造。

草刈先生离开大学教职后，独力研究环境和健康问题，并每月发行《绿健》通讯，热心地在全国各地展开活动。草刈先生阅读我的"Macrobian"通讯，不时邀我在《绿健》通讯撰写与"食"相关的文章，我也开始参加草刈先生在全国各地举办的活动。

　　草刈先生还邀我一同参加他策划的以色列之旅，又体恤我阮囊羞涩，主动帮我负担全额旅费。他当时正在研究全世界的"共同体"，据说以色列的集体农场"基布兹"堪称世界唯一成功的共同体。那时代许多人都对乌托邦怀着梦想热情，我也很想一睹实况。

　　到了以色列观摩基布兹生活形态，看到沉稳的人们一起和平共生，每天都齐聚在大食堂围桌用餐。福冈正信的自然农法也传到那里，他们吃简单蔬菜料理，每一道都新鲜美味。他们彼此关系良好，同心协力，让人感觉真是个美好的社区。

　　为什么只有以色列的基布兹体制能成功实现共同体理想呢？在当地听到的答案是，二次世界大战后独立建国的以色列，一直遭受周围国家的攻击，人民必须紧密合作抵御险恶环境才能生存，自然而然比一般国家的人民更具生命共同体的意识。这不是单凭完美理论或理想规划就能追求的。

这样的现实给一直追逐理想而活的我，上了宝贵的一堂课。

我们也请草刈先生来我们家举办研习会，他非常喜欢我们家的环境，甚至提出合作把Macrobian扩充作实践环保新生活的模板，以及用我们家作再生能源及自然农法的实验场所等等。

可惜草刈先生在八十六岁那年与世长辞。他是一位可敬的时代先驱，只叹自己没能更积极协助他。

老子达人增田正雄与秋野癸巨矢

在东京两年慢慢打开人脉后，东京一家公司地涌社出版了知亚季撰写在家生产经验的《想要自然分娩》一书。

地涌社以"发掘草根隐士"闻名，福冈正信的《一根稻草的革命》正是其代表作之一。其社长增田正雄先生有卓越的识人之明，他是很多素人作家的伯乐。

那时，我也认识了大阪"正食协会"的总编辑秋野葵巨矢，秋野先生和夫人都是志同道合的食之道伙伴。

增田先生和秋野先生都比我年长十岁以上，我们是无所不谈的忘年之交。特别是秋野先生，他曾在京都大学主修美术哲学，谈论"正食"生命观、世界观，别有洞察且一语中的。

他的个性自由不羁，酒量极好，几杯下肚后更是高谈阔论不绝。他有一支生花妙笔，让我佩服不已。多才多艺的他还曾是日本有名的"吉本兴业"艺能事务所旗下一员，生活态度逍遥洒脱。

这两位先生彼此也意气相投，都崇尚老子哲学。有一年增田先生邀我们同行赴中国参加"国际老子学术会议"，那次会议聚集了约两百名老子研究者，除我们三个日本人，还有几位来自其他国家。

四天三夜的会议中，增田先生介绍以老子思想为精神核心的日本自然农法大师福冈正信，秋野先生发表关于老子思想的研究心得，我则阐述以老子思想为基础的"正食"可以怎样为世界献力。

会议气氛热络，只是中国独特的口号式表浅理论偏多，与我所预期的内容有些出入。

中国宫廷料理大师胡德荣

会议期间某次用餐，偶然与一位长者同桌。他是来自江苏徐州的宫廷料理研究家，拥有特一级厨师证照，名叫胡德荣。

胡老师出版过六本宫廷料理专著，长年研究并实践素食相关的传统技术。听说徐州市内知名饭店的主厨也是胡老师的弟子。

胡老师对传承中国素食料理文化充满热情。我相信数千年悠长传统的中国素食料理技术，将会在世界大放光芒；而环境和饮食健康问题，也必会成为全球关注的焦点。

会议之后，我多次前往徐州探访胡老师，也曾以团体旅行方式带对素食有兴趣的日本人一起前往徐州，细细品味胡老师和弟子们费时烹调的精致宫廷料理。我也有幸在胡老师的料理学校分享个人经历。

通过胡老师儿子的介绍，我认识了毕业自日本工业大学的刘灯宝先生，他日文流利到与日本人无异，每次到徐州都承蒙他为我翻译，他是成就我与胡老师一段师生缘的恩人。

刘先生如今已逾95岁，依然住在徐州。胡老师于十三年前94岁时辞世。四年前我再访徐州，与刘先生一同去扫墓，也与胡老师的弟子们久别重逢。欣喜的是，听说徐州市内将为胡老师设立纪念馆，珍藏他毕生研究的成果。

国际绅士淑女北谷胜秀与昭子

在东京还认识了一对夫妇——北谷胜秀先生与夫人昭子。

北谷先生当时在纽约联合国开发计划署（UNDP）

担任副秘书长，是发展中国家环保问题专家。他曾罹患胃癌，被宣告余命只剩三个月，在纽约接受手术后，医生估计约可再活三年。一位联合国女同事介绍他参考"正食"饮食健康法，他便接受长年在美国推广"正食"的久司道夫先生的指导，与昭子夫人一起彻底实行。

回日本时，他托朋友介绍来看我，想听取我的经验和意见。北谷夫妇用字遣词、举手投足都散发着一股异于凡俗的高贵气质，是世间罕见的绅士淑女。

我本来只在深山里专注于学习和实践，不太留意世界各地发生的事情，从切尔诺贝利孩子们的缘分开始，才对公益活动有些觉醒。我被北谷先生开阔的胸襟与视野撼动，一见如故。那之后，他每次回日本都相约见面。北谷夫妇甚至到山里探访我们，他们像疼爱自家孙子一样疼爱我们家孩子，我们家孩子也对他们既爱慕又景仰。

两年后，我们一起展开名为"2050"的公益活动，意思是目标定在2050年，希望全球环境和生命问题稍获改善，留给下世代一个美好地球。

"2050"致力于唤醒国内外对亚洲等发展中国家的环境、贫穷、粮食问题的认识。其中一个主要活动是，为没机会接受教育的女孩提供教育援助，换句话说是帮助年轻女孩上学的"长腿叔叔"计划。

"2050"办公室设在北谷先生东京的家。从北谷先生长年在联合国的丰富资历，可想而知他办事能力超强，长年在他身旁看他办事，我发现无论多么疲累，只要是该做的，他必定今日事今日毕。"2050"收到日本和美国各大组织的巨额捐款，多承蒙北谷先生广阔的人脉。

"2050"会员逐年增加，活动范围包括中国、印度、缅甸、泰国、越南、老挝、巴基斯坦、孟加拉、菲律宾等，几乎扩及所有亚洲国家。其中持续了约二十年的中国植树活动，有效改善了黄土高原沙漠化情况，堪称已积累出美好成果。

虽然我在"2050"只是名义上的副代表，但有幸参与每年在亚洲各地举办的活动，真是获益良多。

因为北谷夫妇，我才荣幸得以跟着见闻学习，他们都是指引我人生的贵人。

2018年4月6日，情同兄长的北谷先生撒手尘寰，享年86岁。为纪念北谷先生，我在自家庭院种下樱花树。因为北谷先生生前说过："死后把我埋在宙八的院子。"当我长眠之日，也想躺在樱花树旁。

北谷先生的遗孀昭子夫人今年高龄96，依然老当益壮，神采奕奕地在东京生活。

"平成的遣唐使"孙若槐

我也认识了一位对我的人生有深远影响的中国人——孙若槐老师。

当时，孙老师是西安建筑科技大学的名誉教授，他在战前的日本度过大学时代，深刻理解并喜爱日本文化。后来才发现，他碰巧和北谷先生是大学校友。

孙老师拥有超人的意志和行动力。为推动中日友好、倡导环境和健康问题的重要性，他徒步从中国西安市，一路走到日本北海道的钏路市。这个壮举被日本媒体热烈报导，誉之为"平成的遣唐使"。

我一直觉得，今后中国将成为世界极重要的国家，拥有十四亿人口的中国必定对世界未来有极大影响。因此，我相信若中国发展得更好，全世界也将朝更好的方向改变。

我认为与孙老师的缘分对"2050"是一大助缘，马上介绍孙老师给北谷先生。一如预想，两人惺惺相惜，一拍即合。

其后二十年，我们与孙老师携手，以中国为舞台展开沙漠植树及环境问题勘查等活动。"2050"第一次海外研修之旅就选在中国，老师带领我们一路从长江到西安。在长江游船上，老师娓娓陈述中国环境问题的严重性。为了植树，我们一起从黄土高原种到敦煌去。我们也深入农村，听取农民心声，并在中国各地举办以大学教授和学生为对象的环境会议、工作坊。

孙老师备受"2050"会员爱戴，对他的行动力和实践力敬佩不已。老师总是英姿挺拔、健步如飞，完全感觉不出实际年龄。原来他每天实行二十公里健走，平时只吃粗茶淡饭，我们对食的理念不谋而合。

老师晚年无法再一起旅行，他100岁那年，我与北谷先生夫妇一同前往西安探视，我们返回日本没几天，他就驾鹤归西，仿佛就等着与我们见面道别。

听说在中国，超群出众的大器之人被尊为"大人"，孙老师绝对是位名副其实的"大人"。

久司道夫以正食促进世界和平

北谷先生在美国罹患癌症时，曾去向久司道夫老师咨询请教食疗建议。

久司老师是樱泽如一老师的得意弟子。他在东京大学和美国哥伦比亚大学的求学时期，非常热衷于促进世界和平，当时正面临和平运动瓶颈的久司老师，遇到主张"为实现世界和平，必须成为摄取正确饮食的人"的樱泽老师，瞬间醒悟日常饮食的深远意义。樱泽老师也对久司老师寄予厚望，他果然以美国为据点，将"正食"推广到欧洲、澳洲各地，同时也编撰了许多相关专书，培育了许多卓越弟子，晚年曾获邀在史密森尼博物馆（Smithsonian Institution）展出研究资料，表彰他对美国社会的贡献。

身为后辈的我，因曾寄通讯月刊给久司老师过目，而有幸被他邀请到美国参加饮食国际会议。那年我带着八岁的长女和六岁的长男，作为讲师出席。

久司老师以世界和平为目标，向世界宣扬"正食"的重要性，北谷先生也长年在联合国推行发展中国家非营利组织（NPO）活动、关切世界和平，他俩意气相投，交情甚笃。

有一年，久司道夫先生受邀到山梨县的小渊泽创立"正食"研究所。研究所并设在赞助商安露莎化妆品公司位于八岳的总部，以"透过饮食由内到外变得美丽"理念，栽培新时代美容师为目标。学生多数是高中刚毕业、二十岁左右的年轻女孩。

久司老师邀北谷先生和我去研究所担任讲师，我们都很高兴有机会跟在久司老师身旁学习，马上答应。

我在讲课之余，常旁听老师们的课程，受益匪浅。北谷先生和我，前后在这研究所担任讲师十一年。

因为久司先生享誉全球的盛名，加上赞助商的襄助，研究所发行的杂志颇受年轻世代欢迎，很快传遍全国。后来，安露莎员工训练营也邀我去办半断食课程。

与两位伟大的前辈交流，开阔了我的胸襟视野，是我研究"食"的旅程中最快乐幸福的时光。

很荣幸此生能与这些卓越热诚的大智慧人格者结下善缘，愿我终生不忘兢兢业业继承前辈的遗志。

第10章 生命大掃除——三十日断食

食前の言葉

今ここに
自然の営みと
人々の努わ(力)によって
育まれた食物を
いただける幸運に
心から感謝致します。
願わくばこのいのちが
世の中と人々の
役に立ちますように
いただきます。

橋本宙八

最难熬的是最初三天。

毒素纷纷从体内浮出,身心随之呈现类似生病现象。

一般以为出现征状代表疾病已恶化到一个程度,但在进行饮食疗法时,观点却恰好相反。

出现征状被视为『排毒现象』,可理解为正开始要往好的方向翻转。

我亲身体验过无数次这样的事实。

人类最古老的自我医疗法，可说是"断食"，追溯世界各民族历史都可发现，许多地方仍以宗教仪式或传统文化继承至今，并持续应用在生活中。

其实，断食也不是人类专擅，动物世界主要也是以此治疗创伤和疾病，静待生命力自我恢复。

断食是信任生命天然疗愈力的一种生物本能。

古老东洋医学认为，疾病主因之一是体内堆积的毒素。饮食疗法的观点也是如此，认为若要从根本改善疾病，首先得从正确饮食来净化血液开始，藉此渐渐排出毒素，则可治愈疾病。

颠倒过来说，疾病反映出血液受到污染，血液受到污染又源自饮食错误，饮食错误则可推及生活失衡不当。因此，疾病归根究底是来为我们的生活发出警讯、献上忠告的。

疾病值得我们感恩。

食疗技术启蒙老师大森英樱

我的食疗技术启蒙老师是东京"正食"中心的指导老师大森英樱。

他引领食疗法时，总是跟病人吃一样的食物，遇到重病者，甚至愿意陪睡身旁、彻夜守护。透过如此亲力亲为，他仅以饮食疗法便解决了诸多疑难杂症，成功经验每每叫人瞠目结舌。

其基本手法，简言之就是"少食、少饮"。

说起来很简单，但实际实施时，无论是指导者或被指导者都冒着极大风险，绝非简单之事。

少食可在短时间内重新调整身体内在状况，随之而来的是容易引发不安的排毒现象，风险也聚集于排毒过程中。该如何创出一套更安全的方法呢？这是我探究食疗法的最大课题。

我想，相对于"断食"，"半断食"应该是缓和折衷的办法。"半断食"这字眼正是在大森老师课堂上听到的，而大森老师是从樱泽如一老师那里听到的。当时只是个词汇，还不是一套完整的课程内容。

为研究设计"半断食"课程，我想我应该再次深入体证断食，并把时间从一周扩大为一个月。

就在东京工作暂告一段落后的冬季，日常杂务减少，正是断食休生养息的好时机。我把计划告诉知亚季，很快得到她的支持。

透过断食看清食物贪欲的真相

我们家有间最初为练习盖房子而盖的样品小屋，离主屋五十米，后来充当我的书房。我决定在书房闭关断食，不会给家人添麻烦，也不被打扰。

断食只要有少量饮水即可。刚好书房外有口小池子，纯净的山泉源源不绝。书房里也有柴炉，可以保持温暖。其他什么都不需要。

最难熬的通常是最初三天。原因是各种毒素开始从体内浮出，身心随之进入类似生病现象。现象因个人体质而异。例如，嗜酒者会有酒臭从全身散发，出现如宿醉般的痛苦；嗜甜食者，散发的是砂糖酸臭；药罐子则散发药臭。

一般认知中，出现征状代表疾病已恶化到一个程度，但在进行饮食疗法时，观点却恰好相反。出现征状被视为"排毒现象"，可理解为正开始要往好的方向翻转。

我亲身体验过无数次这样的事实，也从许多参加半断食课程的学员身上见证无数案例。

排出的毒素可粗分气体、液体、固体三大类。气体以臭味、嗝、屁等形式排出，液体以汗、涕、泪等形式排出，最后阶段必以痰、垢、宿便等明显的固体形式排出。

每次目睹这样的排毒现象，我都深深佩服人体之精深奥妙！人为治病而忧劳其实是多余的，我们只要全然信任交托给伟大的生命机制就足够了。这种自愈机制积极正面地向我们展示，生命总是朝更好的方向前进！

透过断食启动了人体"自噬作用"，将细胞之中不需要的物质排出体外，即所谓"排毒现象"。日常饮食摄取有常习性，越常吃刺激性饮食，戒断症状越强烈，也会出现不安、悲伤、寂寞等情绪，偶尔出现烦躁、暴力攻击。

我的情况是，头三天出现倦怠嗜睡。我顺势什么都不想做，只坐在小屋柴炉旁静静欣赏屋外冬景。

人体有一种维持身心状态稳定的"恒定性"(homeostasis)机能，恒定性突然被断食打断，身体为恢复安稳自然有所动作，这也是排毒现象的生理机制。平常我们不大察觉自己对食物的贪欲，透过断食将清楚看见那贪欲炽烈的真相。

人的生命因这种与生俱来的恒定性，无论是好是坏，都维持在一种相对稳定的状态。饮食习惯良好，帮助身心一直往良好方向运转；饮食习惯不良，则容易让身心陷入恶性循环，最终导致疾病发作。改变饮食的困难主要就在于，饮食习惯后面那份对食物的执着其实根深蒂固。

因此，日常尽可能养成摄取安全优质食物的习惯，在良好的恒定性中安定下来，不对劣质食物起贪执，这是非常利益身心的。

面对排毒期的种种困难，首先要坚定相信自己内在的天然治愈力，其次对生起的执念烦恼，不须做无谓的批判、抗拒，心平气和地观察、接受就好。断食在忍耐饥饿的同时，还要跟执念奋战、与旧时的自我过招，要保持心平气和确实不容易，但随着时间过去，毒素排出体外，执念烦恼会自然消散，身体将重新设定恒常性，恢复安稳状态，体质便在无形中好转。

一般人日常摄取过多"垃圾食物"，断食时身体会以发烧、寒气、呕吐、疼痛等症状排毒，但大多数人却误以为是生病而害怕慌张，致使断食无法顺利成功。

我之所以能冷静面对长期断食，除了因为过去近半世纪在"食"的领域学习体验，我已对断食的益处建立起坚定的信念，也因为我们家长期贯彻自然纯素饮食，本身健康状态就很不错。

管理饮食直接等于调节生命力

久违的断食让我重新感受，"一天"的流淌是如此悠缓，另一方面也发现，光是少了进食活动，每天时间竟有那么多余裕，也可见我们的人生不经意在吃喝上消耗过度了。

大约十天过后，我感觉排毒现象渐渐缓和，对食物的执念也越来越淡。到第二十天左右，内心开始感受到很大的平安，能够专注投入于阅读，身体反而积极活泼起来，自然想外出散步活动筋骨，甚至还想何不去砍柴？

于是我提起斧头，跟往常一样砍柴，在一个飘雪的冬日清晨。我一点也不觉得冷，轻轻使力便劈好一大捆柴，不像平常那样过度费劲。

我瘦了很多，理应气虚力弱、四肢无力，但我在极度放松的状态下持续砍柴六小时，居然一点都不累。

平时要是砍柴六小时，肯定累得喘吁吁，中途必得休息两三次去喝茶吃点心。

这砍柴经历让我真切体验到，体内毒素排除后，内脏不再疲累，才能使出平时无法想象的持续力和臂力；身心清净后，四肢与知觉会更灵敏，可以更精准地施力，把无谓的耗力减到最低；此外，力气也不与进食分量成正比，不正确的进食反而造成身体消化负担，往往徒然耗费更多能量。

僧侣们能完成非比寻常的严格修行，应该也与寺院日常习惯粗食、少食有很大的关系。

我的体重从二十几岁开始就几乎没变，这是我多少有点引以为豪的事。但这次断食一个月下来，我瘦了将近十六公斤，体验到前所未有的轻盈。断食结束几天后，我突然感觉到一种不明的甘甜汁液，仿佛是从脑中溢出，流经鼻内又流到喉咙，至今莫名其妙。

断食期间，种种深层记忆纷纷"出土"，包括童年时光、平时不太想起的先父和先祖母也出现了。儿时我总在挨饿，一直梦想长大后绝对要每天随心所欲吃到饱，岂料现在的我却反而刻意饿肚子。人生真有趣，可不是吗？

胎儿从母亲摄取的食物中取得营养而生存，对食物的执念可说从受胎那一刻就开始。从另一个角度来看，对食物的贪欲其实也是生命力的反映。人类能完全放下这份贪欲时，不是对生命有甚深了悟，就是人生即将终结。因此，我们可以说，管理饮食直接等于调节生命力，这一点都不夸张。

设计半断食课程的热情泉涌

为什么那么多人把这么理所当然又简单的事实，当作特别的、不寻常的大道理？为什么那么多人不肯认真面对"我就是我吃的食物所构成"？

这次断食让我再次肯定，断食是体悟"食"之奥秘的捷径，也是更新人生、回复原本生命力的极简法门。

那一个月期间，一股妥善设计半断食课程的热情从心底莫名泉涌。到底半断食的饮水、食量多少较好？

▲ 2023年桥本先生陪同正好编辑重回福岛磐城,细数当年在此由零开始的点点滴滴。

最好喝清水、茶、果汁还是什么？该用什么食材、如何料理？咀嚼到什么程度较好？一百下还是两百下？还要配套哪些活动以维持身心平衡？……诸多问题，都是我边实验边推敲的问题。

那之后，我想以半断食课程来贡献所学的心情越来越清楚笃定，很奇妙地，来自海内外各地的开课邀约竟也越来越频繁了。

我从小就是个喜欢打扫的人。无论做什么事，都先从打扫开始。只要把身边一切整理整齐、打扫干净，就觉得神清气爽。打扫对我来说像是振奋人生积极向前的鼓声。如果将这个来自家庭教育的习惯，换作生命的扫除，那正是我所投入的工作——"半断食"。

人人本具的宝贵生命力，因被雾霾脏污覆盖而无法施展大能，半断食可说是给生命一个"断舍离"的机会，扫除雾霾脏污，让原本能力自由运作。它是"减法"，不是"加法"。

解决人生一切烦恼的钥匙，就在自己的生命之中，就看我们愿不愿意下决心回头找出钥匙。

第11章
順『食之道』迎向国際交流

食前の言葉

今ここに
人々の努力によって
育まれた食物を
いただける幸運に
心から感謝致します。
願わくばこのいのちが
世の中と人々の
役に立ちますように
いただきます。

橋本宙八

「食」的志业找到稳定发展模式，也得到大众肯定后，我暗自憧憬能有机会到海外历练学习。承蒙许多贵人相助，终于得以圆梦。

我们夫妻四十年前赤手空拳打造的偏僻山居，不但是五名子女安心成长的家园，后来竟也成了Macrobian志业基地、海内外半断食学员疗愈的道场。

磐城山居客房落成后，每月定期举办的半断食课程，来自各地的学员越来越多，每逢五月黄金周、八月盆节、新年等连假期间，预约人数更是爆满。

我理想中"食"的志业，至此应已找到稳定的发展模式，也得到大众的肯定，为此我颇感欣慰，也对半断食课程更有自信。

期间，在岐阜县经营电子器材和食品公司的田中义人先生为了治病，连同夫人美玲女士一起前来参加课程。田中先生与我同年，充满正能量，亲切和善，课余时间我们经常促膝畅谈。七天课程结束后，田中夫妇俩带着清爽的身心，满足地踏上归途。不久，他们的女儿女婿也来参加课程。课后，女儿变成在线上指导年轻妈妈们饮食之道的人气网红。

因为参加课程的契机，田中全家对饮食的意识都翻转了，也变得健康了。田中先生一直关怀我，还介绍了很多人来参加课程，他本人就参加了十几次，也多次邀我跟他的员工客户分享"食"的经验。热情支持、鼓励我的田中先生，真可说是提携我进一步推广半断食的贵人。

与"扫除道""修养团"结缘

事业忙碌的田中先生也不忘反馈社会，他曾担任"日本美化协会"会长，那是提倡用打扫厕所、清理环境，来净化人心、美化社会的生活修行组织，以"扫除道"运动之名，广为人知，发起者是汽车用品百货"黄帽"公司的创办人键山秀三郎先生。

如今这项运动在日本四十七个都道府县皆设有分部，是日本最具代表性的环境美化活动。而且在美国、巴西、欧洲、亚洲等海外国家也有很高人气。田中先生是把扫除道推广到世界的灵魂人物。

在田中先生的推荐下，我也接触了扫除道，还有机会跟协会成员分享"食"之奥秘。

透过这段因缘，我也接触了"修养团"这个修行团体。修养团发起者莲沼门三先生，早在大战后就呼吁日本人吃糙米、勤扫除，以此作为生活修炼的基础。承蒙修养团当时理事长中山靖雄先生之邀，我曾在伊势神宫前的修养团伊势分会举办半断食课程，前后共七年。

▲ 半断食课程在桥本先生（前排左三）的努力下，已从日本推广到海外，备受欢迎与推崇。

接触扫除道之后,我想起一件往事。

当年我重考进入大学,入学后交到的第一个朋友是一位同班同学。他哥哥是东京大学学生,他也是班上表现优异的高才生。他比我小两岁,但已跟比自己年长的女生同居。他的早熟及一切都是当时青涩的我无法理解的。

我常跟他瞎混,还一起在涩谷居酒屋打工。我连喝酒也是跟他学的。

这样的他,有一次忽然淡淡地对我说:"人类有两大重要课题喔……"

已经忘了到底是聊到什么话题让他冒出这句话,但我一直忘不了。记得他好像说,第一个是地球环境问题,另一个是人类生命问题,都涉及世界危机,关乎人类存亡。

那么,该如何解决这两个课题?

多年后,我才把"半断食"和"扫除道",与这问题联想在一起。净化环境和生命,不正好是人人可行的、切实面对这两大课题的办法吗?

毕业后我们各奔西东，已失去联络。当时年仅十八的他会抛出这样的课题，绝非泛泛之辈。人生因缘不可思议，也许我会以半断食和扫除道携手合作，皆是冥冥之中自有安排？

在澳洲蓝山开办第一次海外课程

顺利展开半断食课程后，我偶尔暗自憧憬，能像樱泽老师、久司老师、北谷先生一样，也有机会在海外历练学习。

除了随北谷先生从事国际NPO活动外，首先把我推向海外正式定期办课程的生命贵人就是山端法玄法师。

他当时在澳洲弘扬佛法，所在地方是东海岸一个名为拜伦湾的城镇，聚居许多以嬉皮风自由生活的人，以及实践环保永续饮食的人。

我知道有许多日本僧侣在世界各地弘法，不过法玄法师是我第一次实际接触到这样的僧侣。

法玄法师的生活方式充满魅力,我希望自己能像他那样在澳洲推广半断食。

那时长女已留学澳洲,探望女儿几次之后,渐感觉与澳洲很亲近,直觉半断食课程必能在此找到知音。

不久,真的遇到一起圆梦的人。那是在悉尼郊外自然食品店工作的"正食"实践者迪恩·克林。他听说我是来自日本的"正食"老师,马上表示愿意助我一臂之力。自此二十多年来,迪恩一直以课程经理的角色扶持我,透过迪恩,我又认识了当过饭店厨师的夏洛特女士,如果没有他们二人,我不可能长年在澳洲举办半断食课程,实在非常感恩。

澳洲的初次课程办在女儿留学的悉尼郊区蓝山。蓝山被誉为原住民圣地,自然环境得天独厚,这里也聚居了许多热爱新生活的人,在这里展开"食"活动最适合不过。

课程内容透过翻译者传达,每位参加者都比我预期更认真地面对异国饮食、投入课程。当然,在食材和调味料方面,我配合他们的体质做了微调。不过,整体而言，课程进行完全没有问题，跟平时在日本的半断食课程一样，效果显著，皆大欢喜。这让我再次真实感受到，"食"的课题并无国界。

在澳洲，有许多来自欧洲、美洲、亚洲、非洲等不同的民族，面对如此多元的生命个体，对我来说是个非常珍贵的学习机会，也广结了许多善缘。课程越来越受欢迎，迪恩和夏洛特也累积了足够的知识经验，目前两人都能独当一面带课程了。

所以说，我的半断食课程会从日本走向海外各地，最初就是受到法玄法师的鼓励。人生中还有以下四位法师，就像他这样，无形中在关键时刻对我的人生产生莫大的影响。

不可思议的僧侣因缘

船木圣罗法师曾表示要为我剃度，由于我自幼对修行生活怀抱向往，所以认真考虑，还买好了全套僧服，可是，仔细想想，在严格戒律中生活，非我所愿，我希望活得自由自在，不想遁入寺庙，而要跟世间一般人同在花花世界，走出一条康庄大道。

当时买下的高价僧服，长年收在衣柜深处。3·11大地震后整理物品时，我在自家庭园将它焚烧归土。尽管如此，仍感谢船木法师让我进一步确认自己的人生选择。

村上光照法师曾在京都大学跟随诺贝尔奖得主汤川秀树博士学习物理学，学生时代就常到寺院禅修，大学毕业后出家拜入著名禅师泽木兴道门下。他总是穿墨染作务服，头缠薄布巾，背着登山大背包，全国行脚弘法。

他也实践糙米素食的自然饮食，背包里装着小电锅，不管到哪都自己煮饭，用油炒香白萝卜叶、芝麻、味噌拌饭。

每次见面，他总是笑意盈盈地唤我"Chuhachi先生"，连这错误的念法，出自法师口中，不知怎地听了也很开心。（作者名字"宙八"正确发音为Chuya，Chuhachi为音读。）

法师以科学的头脑阐述佛法，深入浅出。这样的说法风格很值得我学习。

维玛拉比丘跟村上法师一样出身自京都大学，主修哲学。他远渡缅甸八年，严守二百八十条戒律，完成严格修行。来我家时，他穿着橘红色僧服，胸前挂着化缘的托钵。

在他作客期间，我有机缘聆听他在缅甸修行的经历、禅修法门等饶富趣味的话题，也有机缘拜读他的佛学笔记。

为持戒清净，在他留宿的同一屋檐下绝不能有女性，也禁止接受女性直接递上的饮食，因此全部由我负责服务。他住宿期间就算应该是在入浴，外头也听不到水声，从早到晚寂静无声，日常一切行动都是他禅修的一部分吧？

近距离观察他严格的修行，发现那本不是我做得到的。

他回日本后，引领了许多年轻世代的修行者，后来成为空海密教本山——高野山大学的教授。

知亚季曾邀他在我们家举办内观禅修会。

另一位缅甸高僧温达卡比丘也曾来我家小住一周。

他出生于缅甸富裕家庭，大学毕业后到美国留学，成天与好莱坞明星们吃喝玩乐，某日突然心有所感，放下一切回缅甸入山修行。

在我们家期间，我看到他似有些超乎寻常的能力，觉得蛮不可思议的。这段因缘究竟有何深意？我至今仍不太清楚，或许是比丘要藉此对我开示，可见与不可见的世界，其实皆默默同在于我们身边周遭。

爱尔兰课后欢乐盛会

之后，在澳洲同事夏洛特的介绍下，我应她朋友、瑜伽老师美琪之邀，又前往爱尔兰举办半断食课程。

美琪家距离爱尔兰首都都柏林车程约五小时，是一个牧场围绕的小镇。课程场地在美琪朋友家，每次课程参加者都在二十人左右。

参加者来自加拿大、非洲、南美洲等地，他们不拘泥于祖国文化和习惯，胸襟非常开放。我在同一个地点连办了四年"半断食"课程。

在日本带课是比较严肃的工作模式，在国外带课，我们多少有点观光客的心情，很享受遇到的一切机缘。

当时，有位学员是来自非洲布吉纳法索的心脏科医师。他的国家有很多人受不明原因的足部疾病所苦，他力邀我前往指导，但我至今尚未成行，也许恰当的机会将在未来出现？

海外半断食课程的学员多数不为治病而来，这是跟日本学员蛮不同的一点。他们是有兴趣从更宽广的面向思索"食"的人。

我一直相信真理必是人人可行的，期望半断食课程能超越人种、性别、年龄、文化，无论何时何地都能让人借以改善身心。每次课程经验都让我对此更有信心。

课程结束前夕，每个国家的学员会表演才艺同乐。有朗读、歌曲、戏剧、舞蹈，每次都博得满堂彩。我们日本人一向较羞于表露自我，而外国学员多能热情表达各自对身心好转的欢喜,每次的临别盛会都让我快乐无比。

西班牙湖光山色涤尽俗虑

泉阳子女士是来参加课程的学员,她曾留学瑞士,后来嫁给西班牙人,是两个男孩的母亲。

她在西班牙经营一家旅馆,提议我到她的旅馆举办课程。已经完全克服在国外举办课程心理障碍的我,希望到更多国家增广见识,马上应好!

她的旅馆位于邻近法国边界的度假胜地,一个名为阿兰山谷的村庄,每逢冬季欧洲各地的滑雪客络绎不绝。

旅馆舒适优雅,参加者都是她的朋友。

在西班牙举办课程有一点很美好的是,能见到日本罕见的壮观山景。比利牛斯山脉是欧洲著名的朝圣地,类似日本四国的八十八所,两千公尺以上的群山叠错,气势磅礴。

泉阳子的伴侣朱利安在附近的登山小屋担任管理员。朱利安不仅是登山高手，也精通野菜药草，浑身散发英勇的男子气概。他曾远赴印度禅修，性情非常温暖，我很快跟他变成好朋友。

课程最后，作为课程内容的一环，我安排了长距离健行，利用那段时间到朱利安管理的山屋一宿。

山屋四周有多个湛蓝小湖泊，可在岩石上静坐，也可纵身跃入清澈湖水中。回程沿途都是野生蓝莓、蕈

▲ 西班牙课程中的登山活动

菇。这绝佳的自然环境让大家涤尽俗虑,身心彻底焕然一新,充满感恩喜悦之情。

基本上半断食课程无论在哪都可以实行,在大城市的饭店当然也可以。不过,如果有可能选择地点,在美好的自然环境中举办最为理想,毕竟半断食的终极目标是让身体本来的感知苏醒,回归生命的"原厂设定"。

在日本举办时,除了磐城以外,每逢有到其他地方举办的机会,都尽可能选择能充分感受到大自然的场域。

为通向华语世界之路铺一块砖

自樱泽老师向世界提倡"正食"以来,再经众多弟子努力,在世界各地传播开来。诸前贤已让根植于日本的饮食健康法开枝散叶,对此使命或可说完成了阶段性任务,今后趋势想必应继续朝向未来时代舞台的亚洲诸国,以及其他发展中国家。

我一直认为，将以中国阴阳哲学为基础的"正食"生命观和世界观传回中国，是非常重要的大事。但愿我这本中文书，能为半断食课程通向华语世界之路，先铺上一小块砖。

与久司先生共事时，有一次他曾问我未来想做的事。当时的我立刻答道："希望把'正食'传到中国。"久司先生听了说："也许精力过人的你可以办到呢！"

后来反省自己的大言不惭，觉得颇难为情，但那是酝酿已久的心愿，所以才脱口而出吧！

我们夫妻四十年前赤手空拳打造的磐城山居，不但是五名子女安心成长的家园，后来竟也成了Macrobian志业的基地、海内外半断食学员疗愈的道场。

托这美好自然环境之福，才能护持这一切成就。

我一心一意勇往直前的人生，蓦然回首已到晚年。五名子女陆续成家立业，这里即将只剩我们夫妻两人，今后该如何在深山生活下去？是不是扩大整建家园，让这里能开放给更多需要重新找回生命力的人？

例如建设更便利的宿舍、打造可容纳更多人的运动空间……

但想做的事太多，实在不是单靠自己就能办到，我越来越感到自己的有限。可以肯定的是，我会在此继续毕生志业，然后在此长眠。但知亚季开始思索，万一我们老到无法开车，要如何在这不便的深山养老？我们其中一人过世后，另一人有办法独居吗？

就在我们为此想从长计议时，难以想象的无常大难，冷不防突然临头。

第12章
效法佛塔树的种子

食前の言葉

今ここに大自然の営みと
人々の努われによって
育まれた食物を
いただける幸運に
心から感謝致します。
願わくばこのいのちが
世の中と人々の
役に立ちますように
いただきます。

橋本宙八

我们家位于福岛核电厂以西,约莫二十公里之处,中间只隔一座小山。

因核灾紧急撤离时,在此四十年岁月如跑马灯自心底滑过,我不自觉对着家园喃喃道了声:『谢谢』。

据说,森林大火把一切烧成灰烬,唯有一种佛塔树的生机不灭,因为这树的种子能在灰烬中重新发芽并加速释放种子。

让我们一家也在灾难的灰烬中尽情发芽吧!

2011年3月11日，下午2点46分，福岛县外海发生巨大地震和海啸，引发核电厂爆炸事故。

那一天，我们夫妇刚好下山，送久违返家的三女到客运站搭车回东京，顺便在市内办事。当我们在会计事务所时，突然天摇地动，往外一望，只见停在停车场的车猛然冲向一边。我急忙冲出去想抢救，但周围房屋瓦片、围墙已发出嘎嘎巨响，应声倒塌。

我立即意识到这不是普通规模的地震，核电厂可能发生事故。那是每次地震时，我们都会立即关注的问题。

我们家位于核电厂以西，约莫二十公里之处，中间只隔一座小山。万一发生事故，我们家肯定首当其冲。当时次女和一对夫妇员工在家，我们当下最担心他们。

我们飞车赶回家，平时熟悉的路上人车慌乱，我还担心山崩堵塞归途。回到家看到人与屋子都安好，只是物品掉落、满地狼藉。

我们赶紧打开电视接收新闻，才知道发生了日本史上最严重的地震，震矩规模达九级，地震引发的海啸瞬间席卷沿海城镇，包括磐城市海岸。

然而，电视出现核电厂冒烟的画面。我马上想起那年参访切尔诺贝利核灾地带，农民曾说："为保护自己免受辐射影响，必须逃得越远越好！"我立刻决定准备紧急撤离。今后状况如何无从预料，慌乱也无济于事，我做了最坏的打算，但仍先把心情安静下来，全家围坐喝杯茶、吃点简餐。

地震发生后五个小时，即将入夜。我们把贵重物品、避难必需品塞满车厢，然后到村落里挨家挨户劝大家离开。我挂心住在市区安养院的母亲，但到处一片混乱的状况下，我得先找到安全的避难所安顿好，母亲只好暂时拜托安养院了。

我们分乘三台车逃离，选择哪条路才安全也是艰难决定，为避免被辐射危害，总而言之往上风的方向逃去。可是，电台新闻报道我们选定的主干道路因汽车着火而禁止通行。我们又改换另一条路，到处都堵得水泄不通，感觉情况越来越险峻。

凌晨时分终于抵达邻县枥木县那须的友人家，稍稍喘一口气时，电视传来核事故陷入更危急状况的新闻，辐射恐将波及全日本。无论如何必须尽早往更远的地方避难。

仓促决定避难地点

首先，想到尽快跟住在东京的子女们会合。当我们抵达东京，东京已因大量民众涌入避难而混乱不堪。我们在儿子家住了一晚，大家一起讨论避难计划。长子和长媳反复权衡后决定留在东京。翌日，不知该往何处避难的孩子们和几位年轻外国友人，决定跟随我们一起行动。

我们从电视、电台、网络逐一确认辐射扩散状况，选择往东京以南的方向避难。翻越中部山岳，朝相对安全的岐阜县方向驶去。之后从三重县、大阪府、京都府，辗转借住各地友人家。在岐阜县，我们寄住在"扫除道"田中义人先生家，突然登门拜托且人数众多，承蒙田中先生照顾，感恩不尽。

我也很担心母亲的安危，还好安养院已搬移到较安全的地方。

抵达大阪时，看到电视播出旅居日本的外国人纷纷离开，还有一些日本人也争相逃到海外避难，而各国救援船已开往日本准备提供救援。

我们催促同行的外国年轻人紧急回国，同时考虑让孩子们先到从前留学的澳洲暂住。

虽然避难的结果会如何谁都不知道，但无论如何要尽量避免年轻人受到伤害。庆幸的是，我们家的孩子、外国年轻友人都平安飞往国外。

我们夫妇俩，还有三名决定留在日本的年轻人，一起开车奔向知亚季的娘家——四国的松山。

每个避难地点，都是仓促判断下决定的，还好同行者无人出现辐射伤害症状。我认为是参访切尔诺贝利的经验起了很大作用。

在避难中，我曾谈过的"如何以食物保护生命不受辐射伤害"，在网络上被大量流传，知道自己能对人有点帮助，也算小小安慰。

在松山安顿下来大约两星期后，核灾事故的实际情况逐渐明朗。我评估若要回福岛家查看，此时应是最后时机。我联络上两位也避难在外的隔壁村朋友，相约一起回福岛。

冒险回家遭受辐射伤害

我们带着辐射剂量计，穿上尽可能避免辐射的服装，经高速公路进入福岛县，辐射剂量计显示剂量迅速飙高。巡逻警车在通往村落的入口处劝导民众切勿进入，并确认通行车辆内每个人的身份。我们说自己是村落居民，马上被允许通行。

进入山路，趋近自家，剂量计的声音越来越响，感受十分恐怖。切尔诺贝利发生核灾事故之后，三十公里圈内的污染地带成为完全禁止进入的区域，今后我们家想必也会如此。

进入没有民宅的山路，每个转弯都无比熟悉，就算闭眼也能驾驶，然而这一次，一切都不一样了。

终于抵达村落，风景丝毫未变。过了桥、登上坡，看到Macrobian的招牌，一如既往。往家门前的曲折坡路而下，眺望我家全景，就像引擎熄火那样，我顿时全身松懈。这是每次回到家的感觉。但如今四周似乎漂浮着诡谲的空气，眼前风景仿佛故障的电视荧幕般，一闪一闪地闪烁，心里只剩一个念头：危险！此地不宜久留。

我们是为了"尽量带走重要的东西"回家一趟的，可是，重要的东西是什么？这些东西在哪里？在家翻箱倒柜的我，心不在焉，在此度过的四十年岁月酸甜苦辣，恍如跑马灯自心底一幕幕滑过。

贵重品在事故发生时已经带走，除此之外还需要什么？我一间一间找过去，结果只是失神凝视一件一件物品。

同样望着家园的知亚季当时又是在想些什么？我几乎没有她当时做了什么的记忆，两人都各自沉浸在自己的心情之中。

结果我们装满纸箱的，都是想留给孩子们的家族照片和纪念品。

那次返家仅停留两个小时，离开时，在车轮开始滚动的车内，我不自觉对着家园喃喃道了声："谢谢"。

▲ 2011年日本东北3·11海啸前一日拍下的磐城旧宅

离开村落之后，我感觉头部阵阵绞痛，类似过去在西藏经验过的高山反应。喉咙明显残留一种肿胀感，裸露的足部变得异常瘙痒。知亚季则是被腹泻和腹痛袭击。显然我们遭到辐射伤害了！

人生道路硬生生被核灾斩断

离开松山之后，我们在静冈县三岛住了大约一年。在避难期间遇到许多支援受灾者的人们，接受了许多善意，最后我们决定搬到京都暂时定居。

如果住在这里，可以发展新的工作，老后也可以享受日本的美好文化，这是选择住在京都的最大理由。此外，在京都遇到各色各样的人、结下的缘分，以及得到的支援，更巩固了我们的决心。

本来避难者都被安排住进团地，我们很幸运地在环境极佳的鸭川沿岸租到一间房子。不久之后，朋友们转让了一家位于京都大学旁边的店铺，女儿们在这里重新开张之前在东京经营了两年的素食餐厅。

托这间店的福，我们与很多美好的人结缘。这对我们全家人来说都是非常幸福的事。这里是身为受灾者的我们，最棒的疗愈之所。

住下来之后，更感觉京都一如想象，是座日本传统文化丰富的城市。我们全家人都非常喜欢，结果在这里一住过了七个年头。

住所暂时安顿后，我才开始考虑重新接续中断的工作。

受灾后，人生道路像突然被硬生生斩断，我们全家都为恢复生活和工作努力奋斗。如今我已七十七岁，按一般想法应该退休了，然而我几乎没有"年过古稀"的感受，是因为年纪在十二年前地震那一天戛然而止了吗？我想继续"食"的志业到生命最后一刻的决心，其实丝毫未受动摇。

伊势和澳洲等地长期的课程，其实都不受影响，不过我也考虑趁此机会告一段落，今后更上一层楼，做些还没做到的事。

因森夫妇而决心定居京都

我的大半生都在关东和东北度过，这是第一次住在关西地区。当我们通知友人"在京都定居"的消息，海内外纷纷来访的客人，比在福岛深山老家还多。

在避难流浪中，最后让我们下定决心住在京都的，是在这里遇到的善人善缘。例如森孝之、小夜子夫妇。他们住在京都市内，敷地内有咖啡馆、工坊，甚至有田地，种植有机蔬菜、提供料理，过着悠然自得的自然生活。这段因缘是经友人介绍在京都短期避难时结下的。初次造访时，我们就厚着脸皮全家大小在他们家打扰一晚。那之后，我们两家人变得非常要好。

森先生曾是贸易界精英，有感于日本一味追逐经济富裕的社会危机，数十年前放弃上班族生涯，亲身实践前卫的环保自然生活，并撰写多部著作，宣扬新时代新观念。

森先生也曾任短期大学的校长，至今仍时有年轻学生到他家拜访。他长年主持私塾，栽培了许多优秀人才。

夫人小夜子是日本知名玩偶工艺家，也开班传授这门创作技术。她的厨艺也非常高超，两位都是可以代表京都的文化人。

森先生见多识广，让人如沐春风的待人方式一直是我想学习的。他比我年长八岁，对我来说就像兄长那样，什么都能商量。

森夫妇非常疼爱我们家的子女，我们家子女也常向两位报告自己的生活和工作状况。他们家有如我们在京都的另一个家，无论何时都能走进去取暖。

避难中跟他们结下的善缘，让我们没有踌躇地决定定居京都。

整修一百二十年古民宅

作为暂时避难的鸭川沿岸受灾者住宅，毕竟只是暂时性的，过了一定期间就必须搬出，在期限来临之前，必须设法寻找下一个住所。

我们夫妇俩只要有时间就在京都和关西附近四处寻找。可是，京都毕竟不是东北，地震过后三年，我们还没找到符合条件、价格合宜的住处兼工作据点。我甚至想放弃重建工作据点，只找一个我们夫妇可以住的房子就行。

就在此时，次男认识了在京都郊外经营造园业的细见浩树先生，我被他的人品吸引，开始往他住的郊区寻找房产，终于找到一间我们相当中意的。

那是一间屋龄一百二十年的古民宅，四周有田地，即所谓的里山。古民宅位于小坡上，视野良好，光线充足。茅茸屋顶，老旧石墙，别有一番风情。我们本来没想过要住在古民宅，可是不知怎地却完全被这老房子吸引了。

那里开车约五分钟的地方有超市、邮局、银行，距离高速公路交流道也很近，一个小时左右可到京都市内，往反方向则可到日本海，距离火车站只需15分钟。原本让我们开始伤脑筋的老后生活，在这里已不成问题了，与磐城深山相比，这里是很便利的乡下。

我们马上做了决定。

购入房子，随即开始整修工程。建筑学校老师全面协助重建家园，为我们引介了技艺高超的传统建筑木匠师傅，庭园则由细见先生帮忙。我也尽可能亲手进行简单的作业，就像在磐城盖房一样，至少把心意好好地送入这个新家。

从那天起直到新家完成，我几乎每天从市内出发，在高速公路往返一百公里，全程参与整修工程。

纵使有点像在苦战，但这把年纪还有机会体验我很爱的盖房工程，也值得庆幸。我们夫妇俩一如既往身强体壮、吃苦耐劳。

一年半之后，完成了舒适宜居的房子，全家人都满心欢喜，终于可以在新家园开始好好生活。

全家都重新出发上路

大地震已经过了十二年。在这期间，五名子女都重新出发、走上各自的人生道路。两个儿子成家后住在东京，决定住在京都的长女和三女，各自拥有家庭、生儿育女，现在又有缘，住在我们家旁边。之前经营餐厅的次女在婚后搬到遥远的北欧赫尔辛基，两年前在那里产下男孩。现在我们总共有七名孙子孙女，不久之后又将增添一名。

跟住在隔壁的儿孙们一起生活，每天忙忙碌碌相当不易，但可以在旁守护渐渐成长的生命，是件幸福无比的事。

我们的田地小小的，全家一起下田耕作，尽量往自给自足的生活迈进。在这里，也跟在磐城的生活一样，从邻近山中搜集木材，冬天依然烧柴取暖。房子四周的除草作业也一样不可或缺。

趁身子还能动，尽可能自己亲手继续这些生活作业。倘若有一天无法再做，虽然有点遗憾，我也已做好放手的心理准备。

当那一天到来，我们夫妇的生活想必又将大转变，也可能有崭新的乐趣吧！

人生无常，谁也无法预知下一刻。然而，在身无长物的避难期间，偶尔也倏忽感觉无物一身轻。虽然似乎已失去一切，所有家当不过一个背包，却不感到匮乏，反而体会到前所未有的轻盈自由。

原来什么都没有也没关系。就算什么都没有，自己还是这样活着，家人也都活着，什么都不需要担心，完全没问题。

灾后这段时间，我们承蒙无数善心美意的照顾，那无尽的感恩与欢喜，让知亚季有一天突然进出一句："核爆万岁！"世间没有偶然，一切的现象皆有其必然性。毋庸置疑地，一切皆为促使人成长而生起。经过这次重建家园，也许可以用与过往不同的方式，再为世间众生做出贡献，这未尝不是殊胜因缘。我不知不觉变得如此正面思考，也是拜震灾之赐。

避难期间偶然想起在澳洲听到的，关于森林大火中"种子"的故事。澳洲是个干燥的国家，夏天山林火灾频发，一旦发生森林大火，一切旋即化为灰烬。烈火焚烧后，只有一种佛塔树（Banksia）的生机不灭，因为这种树的种子，能在灰烬中重新发芽并加速释放种子。

趁此机缘，让我们一家也效法佛塔树的种子，活活泼泼地在灾难的灰烬中尽情发芽吧！

后记

在母亲远行的回光中温习
全然信任地活着

开始山居生活不久，我接在东京的母亲来同住。

对于我们与众不同的生活、育儿方式，母亲从不干涉，但多少有点困惑我们为什么要住到偏僻深山里。

我希望她在大自然中、有儿孙围绕，过随心所欲的老后生活。但劳碌惯了的她，爱帮我捡柴割草，一做就埋头苦干，停不下来，总搞到累得连躺好几天。

她八十二岁时出现失智症状，性格骤然大变，甚至有暴力言行。无计可施之下，我们只好将母亲送入安养院，辗转换了好多家，最后才总算安定下来。但每次去探望母亲,临别时母亲都说:"一起回家吧!"这总让我痛心,泪如雨下。

母亲毕生无休,为子女、为家庭,粉身碎骨在所不惜。她几乎不曾享受过悠闲的一天,以致她失智后忘我地吹口哨口琴的模样,还让我不禁有些欣慰。

母亲出生于北海道,外公是樵夫,嗜酒如命,三十二岁便英年早逝。外婆带着当时三岁的母亲,以继室身份嫁到函馆,但七岁时母亲就与外婆分开,在一家海产批发商开始"女中奉公"生涯,意即在老板家管吃管住当女佣。

母亲有位哥哥也在儿时被送到东京"丁稚奉公",在老板家管吃管住当学徒,他就是那位在糖果工厂的舅舅。

这样长大的母亲,很自然地习惯总是先顾虑他人、忽略自己。听说母亲通过相亲结婚,到结婚当天对父亲仍一无所知。婚后母亲也跟儿时一样,不,应该说比儿时更加为家庭任劳任怨,而贫困又常仗义借钱给亲友的父亲,平添了母亲的苦难。

母亲连面对儿媳、孙子，也总是拘谨客气，即使出门跟村里年纪相若的老人聊天，也多默默倾听而已，回到家就慨叹好累。即使只是轻松的日常聊天，母亲也小心翼翼地为迁就对方话题而忍耐，试了几次便不想再出门了。

我很遗憾自己其实跟苦于无法宽坦自在的母亲一模一样，因此微妙心理，我曾因看不下去而斥责母亲。当时母亲与我出门，不顾自己提重物还坚持要帮我拿行李，我马上告诫她别再说蠢话！我几乎不曾对母亲说重话，当时母亲可能吃了一惊，满脸困惑，低头唯唯诺诺。那瞬间，我感受到母亲一生的悲惨刺入我心。

母亲失智后，我常懊悔自责没多跟母亲说说话、没成功帮助母亲获得自由解脱；但也许，抹杀自己而活着的母亲也不习惯接受儿子的体贴？

看着母亲，我不禁感慨，失智症患者好像在为人生收尾核账。那是母亲为了结算过往人生而有的反动吗？长年隐忍的愤怒委屈一举爆发清空了吗？如果这样能让母亲从痛苦中解脱，那么失智对母亲来说何尝不是幸福？

母亲到后来甚至把女儿们都忘掉了，唯独还牢记着我的名字，母亲是这样深刻地与我相互系伴。

大地震三年后，距离百岁生日还有半年之时，母亲一脸安详，静静辞世，享寿九十九岁半。

我曾经满怀自卑感，却忘了我这一生身强体健、几乎与病痛无缘，都该为得自父母的健康基因而自豪。

而在生活方面，从父亲的家教学会整理整顿和打扫，当了多年女仆的母亲，在收纳清理方面也完全不输父亲，即便晚年失智，收拾厨房的技艺也还让我望尘莫及。我兜兜转转最终找到的志业是以食物打扫身心，这绝对跟父母所给的家教和榜样有关。

也因父母的关系，我从小就养成设身处地为人着想的习惯，又因不想象父母那样压抑地过日子，而特别用心于追求自我，寻寻觅觅最终走上食之道。

无疑的，我的生命是父母的延续，父母无形中领我走上自己的道路，还赐予我"健康的身体""打扫的习惯""为人着想的心"三样人生法宝。

奔波一生后，顽愚的我才终于懂得以这样的父母为荣幸！

藉由长年无数次断食，怯弱的我也才终于完全信任，生命本来就没问题，而且天生自然不断朝更好的方向前进。

与浩瀚无边的宇宙相比，人类就算能活万岁万万岁，也只是非常渺小的存在。我们只要将自己全然托付给宇宙、大自然而活着，像胎儿一切托付母亲一样，不，其实连托付都是多余，我们早已深深在其怀中。

古日本人如此歌颂人生：

> 人生在世，是为了游戏玩耍吧！
>
> 听到孩子们的笑闹声，我也随之摇摆。
>
> 蜗牛跳舞吧！跳舞吧！
>
> 要是你不跳舞，小马小牛会来踢踩、让你破壳喔，
>
> 你就曼妙起舞，随我去花园游玩吧！
>
> （出自平安时代末期歌谣集《梁尘秘抄》）

这是多么怡然自得的生活兴味啊！这兴味唯有回归原本天真的生命状态，又与大自然合一的人，才有福享受。

我以满怀感恩与喜悦，祈愿"半断食"能让更多人回转成这样的有福之人。

附录

◎ 正好编辑室

我们去日本体验半断食

今年(2023)春末,我们一行五人参加了在日本山梨县小渊泽举办的半断食工作坊。

半断食工作坊举办至今已四十余年,开课地点除日本之外,还曾远赴澳洲、爱尔兰、西班牙、中国等地。这回借用小渊泽"女神之森"(日本化妆品品牌安露莎ARSOA公司总部暨员工训练中心)的两栋职员别墅和一栋活动中心。

这地方森林苍郁、空气清冽,与半断食工作坊渊源深长。正如本书中提到,桥本先生的恩师之一久司道夫早年曾应安露莎社长之邀，在这里成立"正食研究所"，为员工讲授饮食及身心健康系列课程，桥本先生也曾多次在此举办半断食工作坊。

工作坊地点都选在远离尘嚣、山明水秀之处，为的是帮助学员进一步亲近大自然，并在其中逐渐敞开身心。日本3·11大地震前，主要在福岛磐城山上的桥本家每月举办，之后当地因核辐射封闭，才借用其他合适场所。近年桥本夫妇在京都郊区重新安家，也曾在京都自家举办。

工作坊采小班制，每次学员约十人左右。这次除了使用华语的我们五位，还有八位日本学员。主要工作人员是桥本夫妇、他们的长子树生马先生，及一位瑜伽老师Yuka女士。桥本先生负责主持研讨会，桥本太太负责调理饮食，树生马则担任课程行政经理。

树生马另有正职，他表示无意继承家业，只是不忍父母劳累，尽可能抽空协助而已。虽然如此，但他仔细整理过历年工作坊资料，也亲身参与不少次，看到很多人欢喜受益，也不禁对父母的工作由衷敬重。

工作坊为期七天六夜，每天作息大致相同。早上七点开始第一节体操，然后是利用足部的全身按摩，以及松弛大休息，十点开始上午一小时的研讨会，主题聚焦于身心实相、自然饮食及生命真谛等等。接着是十三公里健行，速度依个人体能自行调整。健行回来可喝一碗蔬菜汤，此外上午下午各供应一杯茶。三点到五点，有一堂瑜伽课，有时则加一场下午研讨会。五点是静坐冥想时间。六点享用唯一的一餐。晚餐后便是自由时间，也可一起到公共温泉澡堂泡汤。

"半断食"顾名思义就是不完全断食，只是尽量减少饮食到几近断食而已。每天唯一的晚餐，分量大约是一般成人餐量的四分之一，主要是一小团糙米饭加两三样小菜，但用餐时间拉长到一般的四倍，强调每口必须仔细咀嚼两百下，全程静默禁语。

不知是因为吃的内容还是吃的方式，课程完成后的讨论会上，多数人都表示，虽然进食大幅减少，但课程期间并不感到饥饿。不过因为今年五月山梨的天气已颇炎热，加上长途健行，大家都提到口渴是较大的挑战。

饮食研讨会上谈到食物的阴阳冷热属性，以及唾液分泌与消化吸收的关系，桥本老师请我们也分享华人对这方面的传统概念。我们大略分享了辟谷（断食）、金津玉液、阴阳虚实补泄、谷气归元等词汇，大家似乎听得颇有兴致，于是有人表示一直向往中华文化，有人当场秀起曾学过的华语，课堂气氛十分热烈。

关于半断食课程提供的食物，有华人学员不习惯冷食，总觉得饭菜都要热乎乎才好吃。

关于名之为"Foot Massage"的全身按摩，那是两两学员轮流交替，一个趴卧地上，一个用脚尖脚掌或脚跟、配合着身体重量，为同伴从肩部到脚底循序踩踏按摩。这是半断食课程重要的一环，但有几位华人学员表示不大能接受，因为，在华人文化里，用脚推踩这动作本身多少就有些不敬与不净，何况是趴在地上让陌生人踩踏全身？

桥本先生闻言略感吃惊，他认为这种按摩法相当省力有效，长年来很多学员还带回家运用于日常生活。不过，如果将来可能到华文区开工作坊，他会认真重新研究一下按摩课程。

台湾省其实不乏断食排毒课程，但半断食工作坊别致之处在于，那是以一周时间节约饮食、徜徉于大自然的半闭关身心疗愈营，整个过程带着避静度假气氛，虽是小团体行动，但个人各别状况都受到相当的尊重照顾，桥本夫妇多年带领课程的经验知识和个人丰采魅力也是亮点之一，尤其桥本太太以当地当令食材花草所设计的餐盘风景，颇能引人安静欣赏日常生活情味，并有所感动。

只是，这课程费用约日币十八万，折合台币要四万多，不知道一般大众是否能接受？（欢迎有兴趣参加课程的读者写信给我们，正好文化email：book@zenhow.com）

说到底，吃喝拉撒睡都是人之本能，但现代社会让人紧张焦虑到连好好吃喝拉撒睡都不能了，很需要有个什么跳出来大声喊"卡",让繁乱复杂的红尘肥皂剧暂时停止,也让剧中人暂时出离、解脱一下,半断食工作坊无疑正是跳出来的选项之一,而且是蛮愉悦有趣的选项,至于是否能排毒清净,那就因人而异了。